近代中国研究と市古宙三

東洋文庫近代中国研究班
編

汲古書院

1960年3月

1994年6月　東洋文庫近代中国研究委員会事務室にて

2005年11月　東洋文庫付近の喫茶店にて

はしがき

　戦後日本の近代中国研究は，市古宙三先生（以下敬称略）の存在を抜きに語ることはできない。おそらく今は誰もが認めるように，市古の場合，清末から中華民国期までを対象とする歴史研究者としての貢献も決して小さなものではなかった。しかし市古を際立った存在にしている最大の功績は，近代中国を研究する場としての東洋文庫の充実に，文字どおり半生を捧げたことにあった。その足跡を振りかえったシンポジウム「戦後中国近代史研究と東洋文庫―市古先生のお仕事を偲ぶ」（2015年6月20日，東洋文庫）の記録を中心に，関係資料や未公刊の原稿を収録したのが本書である。

　市古は，近代中国に関する東洋文庫の蔵書を飛躍的に充実させ，日本における近代中国研究の基盤を整備した。戦後まだ間もなかった1950～60年代，財政に余裕がなかった日本で膨大な書籍を収集整理するため，市古はアメリカの民間財団の資金も利用した。アメリカの資金を利用することの是非をめぐり様々な議論が起きたことは，シンポジウム当日の発言の中でも触れられている。一方，蔵書の充実とともに市古が注意を注いだ点は，そのようにして発展させた専門図書館としての東洋文庫を，近代中国研究のための公共の施設として社会に対し開放することであった。東洋文庫は誰もが利用することができた。その結果，近代中国研究を志す数多くの学生・大学院生・研究者が東洋文庫で本を読み，史料を調べ，成果をあげていった。市古はまた研究を進めるための参考図書類を整備することにも情熱を傾けた。本書で紹介するように，東洋文庫の近代中国研究部門は，さまざまな文献目録，記事目録，人名索引などを作成してきている。

　蔵書の充実，公開から参考図書類の作成に至るまでの幅広い活動が可能になったのは，やはり市古が広い視野に立った近代中国史像を持っていたからであろう。郷紳革命論として知られる市古の辛亥革命論は，在地社会の在り方から20世紀中国の政治変動を捉えようとする，きわめて奥行きの深いものである。

歴史に対しそうした見方で接していたため，清末の知識人にも，国民党の要人にも，共産党の革命家にも，あるいは近代中国と関わりを持った様々な日本人の行動に対しても，市古は分け隔てなく関心を向け，彼らが残したものを集め，書架に並べていった。要するに歴史研究者としての市古があったからこそ，戦後日本の近代中国研究を力強く支えた研究基盤の整備が可能になった。そうした理解も含め，本書が，今後，近代中国研究を発展させる道を考えるよすがになれば幸いである。

　2016年2月8日

　　　　　　　　東洋文庫近代中国研究班（文責・久保　亨）

目　次

はしがき　　　　　　　　　　　　　　　　　　　　　　　　　　　　　i

シンポジウム
「戦後中国近代史研究と東洋文庫——市古先生のお仕事を偲ぶ」
　開会挨拶（本庄　比佐子）………………………………………………　3
　戦後中国近代史研究と東洋文庫（久保田　文次）……………………　6
　学生としてみた市古先生（浜口　允子）………………………………　11
　外国人研究者として見た市古先生（リンダ・グローブ）……………　15
　市古先生とＡＦ問題（石島　紀之）……………………………………　21
　市古宙三先生と近代中国研究—中央大学との関わり（土田　哲夫）…　26
　文庫の中からの市古先生（鶴見　尚弘）………………………………　33
　自由討論………………………………………………………………………　39
　（附）報告レジュメ（久保田文次, 土田哲夫）………………………　64
　　　戦後中国近代史研究における東洋文庫と中央研究院
　　　近代史研究所の果たした役割について（林　明徳）………　70

附録
　市古宙三先生 年譜・業績 ………………………………………………　77
　（未刊行稿1）秋瑾の生年 ………………………………………………　87
　（未刊行稿2）西洋人の見た天京事変 …………………………………　135
　近代中国研究委員会編・刊 各種目録 …………………………………　180
　市古宙三先生追悼 ………………………………………　本庄　比佐子　185

シンポジウム司会・報告者紹介……………………………………………　190

近代中国研究と市古宙三

シンポジウム

「戦後中国近代史研究と東洋文庫――市古先生のお仕事を偲ぶ」

2015年6月20日　東洋文庫

内山雅生　ただ今から、「戦後中国近代史研究と東洋文庫―市古先生のお仕事を偲ぶ」ということで、お話の機会をつくらせていただきます。
　司会をさせていただきます東洋文庫近代中国研究班の内山でございます。前半は私が司会をしまして、後半は久保さんにバトンタッチいたします。
　全部「さん」付けで言います。久保田さんからお話しいただきますが、お一人最大15分でお願いします。では、最初に、近代中国研究班を代表しまして、ご挨拶を本庄さんからお願いします。

開 会 挨 拶

本庄　比佐子

　今日は皆さん、いろいろとご都合もおありかと思いますのに、お集まりいただきまして誠にありがとうございます。
　今は近代中国研究班と言っておりますが、2002年までは、東洋文庫の中の部署の名称は、近代中国研究委員会でした。その近代中国研究委員会をおおよそ半世紀にわたって主宰していらしたのが市古先生です。その市古先生が、ほぼ1年前、正確には昨年の明日にお亡くなりになりました。近代中国研究委員会の基礎づくりから、ある程度のかたちになって発展するまで、ずっと代表者を務め、実際にお仕事をなさった先生を、今の近代中国研究班としては、ただ、「はい、さようなら」というのはいかがなものかと思いました。

4　シンポジウム

　市古先生は，そもそも近代中国研究がまだ歴史学の分野に入っていなかった時代に研究を始められましたが，どこに行っても資料もろくにないといった状況でした。その頃の経験から，先生は，ご自分の研究だけではなく，できるだけ資料を集めて，それを使いたい皆さんに自由に便利に利用してもらえるように，そのような資料の収集と場所づくりを目指されて，実際に東洋文庫の近代中国研究委員会で実行に移されました。すなわち，本を集めるだけでなく，近代中国研究委員会が集めました資料に限っては，東洋文庫の図書貸出制度の例外的な措置として，館外貸出をいたしました。1999年までです。そのころには，傷みのひどい本も出てきましたし，それぞれの大学にもそれなりにある程度の資料が揃うようにもなってきて，貸出をやめました。

　誰でもそうですが，自分が何かをやりたいと思ったときに，思うものが手に入らなかったりすると不便だなと思います。でも，思いはしますが，それを自分以外の同じような方々のためにもと思って，ここまでお仕事をなさるというのは，誰もが出来ることではありません。思いつかないし，努力しないというか。そう考えますと，やはり市古先生はすごいお仕事をなさったなと，あらためて思います。

　その事業の過程では，それなりに経費が掛かります。それは市古先生がというのではなく，東洋文庫として，戦後のお金のない時代にはアメリカの資金を得て，資料を集めるなどしたわけです。ただ，アジア・フォード両財団からの資金受入にあたっては，研究者の間に反対運動が起きました（以下ＡＦ問題）。当時，日本では安保反対闘争が最も盛んに行われていた時期で，そのような状況も関連したでしょう。ただ，市古先生は全然引かずに対応されましたので，一部の人々の間に市古先生と言えばＡＦ問題という印象を残したようです。

　そしてアメリカからは，現状分析と言いますか，今の中国に関する研究を基本的には求められたのですが，東洋文庫としましては，1949年までのことを研究すると決めまして，それでやってきました。

　皆さんにおかれましては，これまでのご経験や見聞を通して，いろいろなお考えなり，お気持ちなりをお持ちのことと思います。私としましては，今日皆

さんからいろいろとお話を伺って，記憶を新たにすることも出てくるのではないかと思って，いわば半ば楽しみでもあります。

今日の会合には，台湾の林明徳先生にも声を掛けました。最初，出席のお返事をいただいのですが，体調がよくないとのことでご欠席ということになりました。その代わりとして，お手元にお配りした「戦後中国近代史研究における東洋文庫と中央研究院近代史研究所の果たした役割について」という文章を送ってくださいました（70頁参照）。

林さんは，1960年代に日本に留学されていて，当時，よく東洋文庫へいらっしゃってました。本の館外貸出について，大変ありがたく利用させてもらったと，お礼の言葉を書いておられます。そしてＡＦ問題に関しては，日本と台湾におけるアメリカの資金援助受け入れ状況を語っておられます。即ち，日本では東洋文庫が受け入れましたが，最終的にはフォード財団の資金援助は1966年，アジア財団は1969年で終わっています。それは，東洋文庫の財政状況が外国からの援助を必要としなくなったということだろうと思いますが，林さんは，市古先生のご英断による資金援助放棄だと述べておられます。それに対して台湾では，そんなにきれいごとではすまず，資金の分配をめぐっていろいろなやりとりがあったと書いていらっしゃいます。そして，台湾の近代史研究所所長の郭廷以先生と市古先生の歴史研究の姿勢についても触れてくださいました。私がこんなことを言うのもあれですが，大変興味深い文章ですので，皆さん，是非後でゆっくりお読みいただきたいと思います。

今日お配りしました資料は，今の林先生のものと，「近代中国研究委員会編・刊各種目録」（180頁参照）です。なぜこれをお配りしたかと言いますと，先ほども申し上げましたように，市古先生がいかに皆さんの便宜のためにいろいろなことをなさったか，その具体例をご覧いただきたいからです。資料を集め，そしてそれらの資料を少しでも便利に利用できるようにと，いろいろな目録をおつくりになっています。先生のお名前で出されたものは，附録の「市古宙三先生　年譜・業績」（77頁参照）の中に出ていますが，それはごく一部です。近代中国研究委員会として，先生も参加なさったし，それぞれの時期に近代中国

6 シンポジウム

研究委員会で働いていた人たちも一緒になり，時にはアルバイトに来ていただいた方々もいらっしゃいますが，みんなの手でいろいろな目録をつくりました。実を言いますと，今では，こんなのが出ていたのかと，ご存じない方も多いと勝手に推測をいたしまして，これは1970年代くらいまでの各種目録，それから，『近代中国研究』という論文集の最後のほうに掲載された目録です。また，今，近代中国研究班では，『近代中国研究彙報』という雑誌を1年に1回出しておりますが，その前に『近代中国研究センター彙報』を出しておりまして，その彙報に出ました各種目録もご参考までに。目録の中には，前書きを市古先生がお書きになっているものも結構あります。このようなことで，皆さんの便宜を図るということの一つですが，こんなにいろいろな目録を出してきたのですよということを，お分かりいただけたらいいなと思いましてお配りした次第です。

　あとは皆さんのお話を伺いたいと思いますので，私はこれで。

内山　ありがとうございました。

　では，久保田さんからご発言いただきます。

戦後中国近代史研究と東洋文庫

久保田　文次
（64〜65頁，報告レジュメ）

久保田文次でございます。

　私は，最初にお話を引き受けた時は，アジア・フォード問題の時の裏話や暴露談をやろうかと思いましたが，後で趣意書をよく見ましたら，「市古先生のお仕事を偲ぶ」ということで，お仕事の評価が分からないうちに裏話をしても通じないだろうと思いまして，真面目な方向に2，3日前に方向転換をしました。何を話すか分からない心配もありますので，報告レジュメをご覧いただければ幸いでございます。

　最初に，時代背景や私の状況を理解していただくために，簡単に自己紹介を

いたします。

　私は，1936年に生まれまして，1955年に東京教育大学[1]文学部史学科東洋史学専攻に入学いたしました。1959年に大学院修士課程に，1961年に大学院博士課程に進みました。この博士課程の時に，ＡＦ問題に遭遇したわけです。

　その後，年限満期で退学となり，日本女子大学に36年，山梨県立大学に４年間勤めて，今は研究に復帰して楽しみながらやっております。

　学部学生時代から，当時，助手でありました野澤豊先生[2]の指導を受け，また後でいらっしゃいます先輩の鶴見尚弘先生から非常にかわいがっていただきまして，野澤先生や鶴見先生から，東洋文庫の田中正俊先生[3]，市古宙三先生をご紹介いただきました。以後，東洋文庫の利用，あるいは東洋文庫を会場とするいろいろな研究活動に参加し，研究を持続することができました。

　今日は裏話ではなく，私なりに市古先生のお仕事をどう考えるかということを簡単にお話ししたいと思います。

　これは既に本庄先生が，この追悼の文章にも書いておられるわけで，ただ今もお話になりましたが，当時の状況は，一番最初に書いていますように，学界における，あるいは歴史学界における中国近代史研究の地位は非常に低く，アヘン戦争以降は歴史ではない，日本史で言うと，明治維新以降は歴史ではないという雰囲気がありました。

　これは，ごく一般的で，各大学に近代史のスタッフは非常に少なかった。田中正俊先生は，その後で東京大学へいらっしゃいました。東大でも京大でも，東洋文化研究所や人文科学研究所の先生が学部の講義を兼担するという状況で，当然，資料の収集は極めて不十分だったのですが，輪を掛けて不便だったのが資料の閲覧でした。

　現在では，図書館の状況がだいぶ改善されております。例えば，東京大学東洋文化研究所，京都大学人文科学研究所，いずれも東洋学文献センターを併設してサービス部門を担当しており，大変便利になっております。

　当時は大学の図書の利用・公開が非常に不便で，田中先生も「東大には本がたくさんあるけれども，学部学科が異なると閲覧の手続きはすこぶる面倒くさ

い」と，いつも嘆いておられました。

　ここに東京大学東洋文化研究所の例を挙げましたが，東文研は教育大から歩いて10分もかからない所，お茶の水女子大は5分くらいの所にございまして，利用するには，地理的には非常に便利な所ですが，そこは部外者の閲覧を本来の業務とはしておりませんでした。

　われわれが本を読むのには，事務室の片隅の空いている所に，二つ三つの机と椅子が用意してありまして，そこで通常業務をやっている職員の方に，先生方の紹介状を持っていって，恐る恐る要求する本を書いて貸出していただく。「誠にすみませんが，お貸しくださいませんか」と，こういう調子で借りたわけです。

　一番困りましたのは，本を借りるときには中身がよく分かりませんから，たくさん借りて，ぱっと見て，この本は役に立つ，使える，では，じっくり見ようとか，こうやって紙を挟んだりする。その最初の仕分けをするときに，短時間で，これは使いものにならない，要らない，返そう，という場合ですが，これはそういう状況で無理をして貸してもらったようなものですから，それはすぐに返して，はい，次のご注文というわけにはいきません。本当に不便で，大変屈辱感を覚えたわけです。

　小島淑男さんが2011年に神奈川大学での国際学会で話されたように，京都大学人文科学研究所には小野和子さんや狭間直樹さんが助手でいらっしゃって，大変親切にしてくださったので，そちらのほうでは感じなかったのですが，すぐ近くでそういうことがありました。

　東洋文庫は，本来の部分も，地方志や族譜，あるいは洋書は大変充実していましたが，やはり社会経済史や文化史をやるのには，まだ資料の構成が不十分でありました。そういう状況があったということです。

　その中で市古先生は，アヘン戦争以降は歴史ではないと言われているところを敢然とやって，いわば東京における中国近代史の本格的な研究の草分けであると言ってよろしいと思います。論文もたくさんの分野にわたって，通史的にいろいろ書いておられます。これについては，今ぱっと見ましたら，土田先生

も報告の中で触れられると思います。また，この点については，皆さんご異議がないと思います。

ただ，太平天国やその他の限界を指摘しておられました。これは，当時のわれわれを支配したムードでは，やはり中国の学界で，これは進歩的だとか，けちをつけるのははばかるといった雰囲気がありましたが，われわれのそういう時期の欠点に対して，早くから批判を唱えられていたということは，こんにちから見ますと評価できると思います。

あとは，皆さんご承知のことですから多言を要しないと思いますが，私が市古先生の業績で特に注意したいのは3番目です。それまでの伝統大学の専門図書館の本というのは，非常にオーソドックスな本，権威のある本，由緒正しい本を集めるのが主目的でしたが，この市古先生のお仕事はいろいろ雑多な本をお集めになっております。視察報告書，調査報告書，その他実務的な報告書も当然ですが，従前の権威主義的な図書館であったら集めないような，いわゆる雑本や端本というもの，こうしたものを集めたことは非常な見識であると私は思っております。

先ほどお話ししました野澤豊先生も，集めた本は，どこか夜店の古本屋で二束三文で買ってきたんだよと。当時は戦争直後で，東洋ものは値が下がっていたからということで，野澤先生が集めた本も，だいぶ東洋文庫に引き取っていただいたわけです。そのような俗っぽい本を集めたところにも，市古先生の真骨頂がある，評価すべき点であると。

こういうことをすることによって，本当の意味での社会史や文化史ができる。偉い思想家の思想，体系立った「正史」ばかりではなく，名もなき日本庶民のアジアに対する率直な軽蔑感や蔑視感といったものも調べることができると思っております。

市古先生の説明というところに入ります。

「近代中国研究と私」（64頁参照）に，市古先生が自分のやっている仕事，「いわゆる『研究成果』なるものよりもはるかに立派な，いつまでも誰にでも役に立つ研究成果だと私は自負している」と書いています。ここに，市古先生の学

界に対する貢献の大きさを自負していると。

　当時，私はある大先生から，これは市古先生ばかりではありませんが，京都大学の佐伯富先生[4]なども索引や目録類をつくるのですが，索引ばかりをつくっても業績にはならないと，このようなことを直接聞いたことがあります。しかし，ここで先生は堂々，業績に勝るとおっしゃっており，これが市古先生のお仕事を支えた真骨頂であると思います。

　2の所で，これは本庄さんの演説から引用しましたが，要するに，前に述べた状況ですから，私は市古先生のそれまでの方向性というものは全面的に同意して，評価していたわけです。

　3に「東京教育大院生のＡＦ問題への対応」。これは中国を敵視しているアメリカ資金によって，日本の研究を組織化することには反対する。しかし，研究体制改革はしなければいけない。市古先生の努力や方向は評価すべきであると。こういう気持ちで私どもはやったつもりです。

　内輪を言うと，これはいつも野澤先生や出中先生がお話ししていましたが，反対はするけれども，市古先生の肩をたたきながら，背中をなでながらという気持ちでやるべきだという話題が出まして，私はそういう精神を服膺（ふくよう）して対応したつもりです。今日ここには，当時の仲間の小島淑男先生や姫田光義先生がいらっしゃっていますから，また間違っていたらお直しいただきたいと思います。

　一番最後に市原麻衣子さんという，これは名古屋大学の雑誌のようですが，こういう文献があるということを最近見つけましたので，レジュメに記載しておきました（65頁参照）。

　以上でございます。

内山　ありがとうございました。

　今のご発言に，いろいろご質問や補足がある方はいらっしゃるでしょうけれども，それも全部，後半部分にお願いいたします。

　では次に，浜口さん，お願いします。

学生としてみた市古先生

浜口　允子

　浜口でございます。この会がありますことを本庄さんから電話で伺いました時に，そして，お話になる方はこういうメンバーであると伺いました時に，私はその瞬間，ああ，それでは私はほかの方が話せないことを話そうと決心しました。その時に決めましたテーマが，「学生としてみた市古先生」です。その後，この会の趣旨が，市古先生のお仕事や東洋文庫との関係というような大変真面目なものであると知りましたが，私は（久保田先生のように悔い改めないで），やはり私にとっての，そして，私たち学生にとっての市古先生像というものを語りたいと思いまして，やってまいりました。従いまして，少し趣旨に外れるようではありますが失礼いたします。

　市古先生は，1951年から1979年まで29年間にわたって，私どもの母校でありますお茶の水女子大学で教鞭をお執りになりました。お茶の水女子大学は大変小規模な大学でありまして，先生が属された史学科は1学年が15〜20名の学生しかおりません。従いまして，先生は30年近くお勤めになりましたが，その間に教えを受けた学生は500名に達しないわけです。これは多いというべきでしょうか，少ないというべきでしょうか。

　けれども，この学生たちにとりまして，先生がどのような先生であったかということになりますと，私は間違いなく良い先生だった，学生に好かれた敬愛された先生であったと思います。そして，この場は歴史学関連の場ですから論証しなければいけないと思いますので，その論拠を一つ挙げたいと思います。

　大学という社会では，恩師に対して学生が集って，先生のお祝いをするという習慣があります。たぶんここにいらっしゃる諸先生方も，ご自身の先生に対して，そのようにお祝いなさったと思いますし，お見受けしましたところ，ご自身が祝っていただいているという先生もいらっしゃるように思います。

けれども私は、その回数において、市古先生ほど数多く学生から祝ってもらった先生は少ないのではないかと思いますが、いかがでしょうか。

市古先生の場合は、時系列的に申しますと、まず1968年に銀婚式のお祝いをいたしました。それから、60歳の時に還暦のお祝い、65歳の時にご退官の集い、以後70歳の時に古希、75歳の時に叙勲、77歳の時に喜寿、80歳の時に傘寿、88歳の時に米寿とお祝いし、そして、本来なら、その2年後に卒寿をお祝いするはずでしたが、先生が「卒」という字は嫌いだとおっしゃいましたので、それを延期して2007年、94歳の時に長寿をお祝いする会を催しました。

ですから、合計9回ということになります。もちろん、この9回は、会館やホテルを借りて、東洋史専攻だけという垣根を取り払って卒業生全体が集ったものでした。例えば、最後に申しました長寿をお祝いする会には、全国から、先生にお会いしたいという130名の卒業生たちがやってきました。これは先ほど申しました母数を考えますと、やはり多いと言っていいのではないかと思います。

また、この9回のほかに、毎年必ず6月19日のお誕生日の時期に東洋史専攻を中心にお祝いをしました。これを数えてみましたら、19回ありました。

ですから、先生のもとに集ったこうした会の数々というものは、市古先生がいかに教え子たちに慕われた先生であったかという証左になると思います。これが、学生にとっての市古先生総論、市古先生讃歌でございます。

ということになりますと、たぶん皆さまは、どうして市古先生はそんなに好かれたのかとお聞きになりたいと思います。私も、どうしてかといろいろ考えました。その結果、このように多くの卒業生が市古先生のもとに集ったということは、一面有能な組織者がいたということもありますが、何より最大の理由は、先生の魅力によるところが大きく、それはやはり市古先生が大変学生思いであったということによるものだと思います。

私は1960年の卒業生ですが、あの時代は、先ほど久保田先生もおっしゃいましたように、まだまだ戦後の名残があり、いろいろな問題が個人にも社会にもあった時代だと思います。そうした時に市古先生は、やはり一人一人の学生

が持っている問題というものに，ご親切に寄り添い，ご助力くださいました。そうした学生思いが，その後，市古先生のお祝いのときに多くの人が集った要因ではないかと思います。

昨年，市古先生はご逝去になられましたけれども，その時に，地方にいて伺えないのでということで，私に手紙を寄せてきた若い方がありました。そこには，「市古先生は情のある優しい先生でした，突き放された感じがありませんでした，口には出さないけれども見守ってくださっていると感じていました」と書いてありました。これがおそらく，かつて先生に教えを受けた学生の共通した心情ではなかったかと思います。

以上が，市古先生の学生であったものの全体を私が勝手に代表いたしまして，市古先生讃歌として申し上げたことでございます。けれども，あともう少し時間がありますので，以下には私の個人的な感慨と思い出を少々申し上げたいと思います。

私は，先ほど申しましたように1960年の卒業ですから，比較的，市古先生のお若い時の学生です。けれども私は，その卒業から16年たちました時に，もう一度，お茶大に入りましたので，結局，先生にとって2度学生であったわけです。そういう意味では珍しい存在だと思います。そして，この体験によりまして，私はそれまであまり気が付かなかったことに，実は，はたと気が付いたのです。それは，先生の「柔軟性」ということでした。そのことに私は深く感動したことを覚えております。

どういうことかと申しますと，お茶大は女子大学ですので，学生はこの社会という枠の中で学を志すときに，ある種の緊張状態に悩まされることになります。特に1950年代や60年代には，学生が卒業後もさらに研究を続けたいと願うことは，なかなか難しいことでした。ご経験のある方も少なくなかったと思います。

そして，その時代は，市古先生ご自身も学生を研究者に育てることにつきましては，かなり禁欲的と言いますか，懐疑的と言いますか，あまりお勧めにならなかったのです。

ところが、1976年になりますとお茶大には独立した大学院として博士課程が設置され、そこに学究を志す学生を受け入れることになりました。しかもその時、先生は既に学長でいらっしゃいましたので、先生ご自身、女性が学究を目指すことについて、むしろ積極的に対応していらっしゃいました。そして、私はその一期生として入りましたので何の緊張関係も感じることなく、研究を開始することができたのです。

　先ほど、市古先生は学生思いだと申しましたけれども、先生は時代とともに先生ご自身のお考えを変えてくださり、その上私どもを励ますさまざまな措置を取ってくださいました。

　私は、そういう好機を得て、早速願い出て、先生のご指導をいただきました。先生は学長でしたから、正式には指導教官にはなられなかったのですが、私は月に2、3回、学長室へまいりまして、ご指導を受けることができました。その時の様子を私は大変鮮明に覚えております。

　どのようであったかと言いますと、先生は女性が学問をするということについては、ご自身の考えを変えてくださいましたが、こと歴史研究になりますと、そのお考えは全然変っていませんでした。

　先生は、私がまいりますと、「来るときには必ず文章を書いてくるように」とおっしゃいました。そこで、私は草稿を書いて持っていったのですが、そうしますと、先生はそれを見て、もう最初の一行から、「ここは何でこう言った？」「この根拠は何だ？」とお聞きになりました。そして私が、それはかくかくしかじかですと申し上げますと、納得すれば次の行に移りますが、納得しないと、いつまでも「それはおかしい」とか、「そんなのはないだろう」とおっしゃって、なかなか進まないのです。

　そして、一応納得して、次の行にいってもまた「何でこう言った？」「この根拠は何だ」とお聞きになるのです。

　こういうことを繰り返していたものですから、私は先生の前へ出るときには、ここはこう言わなければならないとか、ここにはこういう根拠があるとか事前に確認してから参りました。時に、ここは根拠が浅いかもしれないという場合

は、その文章を削除したり変えたりしました。そのようにして先生のご指導を受けていたのです。

　当時、お茶大の大学院は学際ということを目指していたものですから、1人の学生に対して3人の指導教官がいらっしゃいました。ですから私は、市古先生以外にも、その3人の先生のもとによく伺っておりました。そこで、ある時草稿ができました時に持って伺ってご指導をいただきましたら、その先生は「あなたは構想段階は大変面白いのに、論文になるとつまらなくなりますね」とおっしゃったのです。その時私は内心、「ああ、これは市古先生のせいだ」と思いまして、少し恨んだりしました。

　けれども、もちろん今はまったく恨んでおりません。歴史の論考というものは、先生の言われましたとおり、やはり必要な史実の集積や考証の積み重ねによってのみ可能だと信じているからです。

　同時に先生は、情報のないことを言ってはいけないと教えてくださいましたが、その教えは、それを逆転させれば、可能なところまで積極的に、主体的に資料や情報を集めるように、そして、それを活用するようにという、先生からのお励ましであったと感じております。そして私自身、及ばずながらそれを守ろうとしているところでございます。

　本当に市古先生を懐かしく思います。

内山　ありがとうございます。時間ぴったりです。
　では、続いてグローブさん、お願いします。

外国人研究者として見た市古先生

リンダ・グローブ

　リンダ・グローブ（Linda Grove）です。浜口先生は学生の立場から見た市古先生のお話をされましたが、私は外国人研究者の立場から見た市古先生のこと、

また先生と海外のつながりについて少しお話ししたいと思います。

　私が来日したのは1970年の秋のことです。そのころ，私はカリフォルニア大学バークレー校の大学院での課程を終え，博士課程候補生（Ph. D. Candidate）の資格試験を受けたばかりで，日本では博士論文のための研究をしようと思っていました。当時，私が知っていた日本人研究者と言えば，市古先生と村松祐次先生，あと一，二名おられたようにも思いますが，記憶が定かではありません。とにかく，アメリカと何か関係があった方か，英語の論文を発表された方々でした。

　今日お話したいのは，アメリカのハーバード燕京研究所（Harvard-Yenching Institute，以下ハーバード燕京）と市古先生とのつながり，それから私個人が先生について考えたいくつかのことについてです。

　私は上智大学に長く勤務し，退職後の現在はハーバード燕京のアジア代表というか，シニアアドバイザーを務めています。今回，本庄先生の追悼文を拝見して，市古先生はハーバード燕京にも行かれたのだと思い，ハーバード燕京の過去の訪問研究者データベース（Alumni Database）で検索してみると，なるほど確かに市古先生のお名前が出てきました。そこで，ハーバード燕京の職員に保管資料（アーカイブズ）を見せてほしいと頼んだのですが，残念ながら，入手できたのはこの三枚の手紙だけでした。これについては後ほど触れてみたいと思います。

　ハーバード燕京では，1955年から56年の会員名簿に準会員（associate）として市古先生のお名前を確認することができました。当時のハーバード燕京は，1949年の革命後に改組され，プログラムを再編していた時期でした。

　ご存じかもしれませんが，ハーバード燕京研究所が設立されたのは1928年のことです。財団の設立資金は，アルミニウムの生産プロセスを発明して会社を設立したチャールズ・マーティン・ホールの遺産をもとにしたものでした。1928年から49年までの間，この研究所には二つの本部がありました。一つはハーバード大学で，もう一つは北京の郊外にある燕京大学（後に北京大学に併合）です。

1949年以前には，財団の活動はすべて中国で行われ，とりわけ人文科学の分野で高等教育機関を支援することに力を注ぎ，中国古典の研究を奨励してもいました。しかし，中国革命後は，外国の団体は中国では活動できませんでしたから，50年代に今後どうすべきかをあれこれ考え，事業の場を中国から日本，韓国，および台湾に移すことにしました。

　中国革命以後，ハーバード燕京が初めて訪問研究者を受け入れたのは1954年から55年のことです。市古先生はこの最初の訪問研究者としてではなく，その次の訪問研究者の一人として1955年から56年に滞在されていたようです。市古先生と同時期に研究所を訪れていたもう一人の著名な中国史研究者は余英時氏[5]でした。その翌年には，坂野正高先生[6]が行っておられます。私はこのことに気づき，ハーバード燕京の職員に頼んで，保管資料から市古先生に関する資料を取り出し，スキャンしてもらいました。

　普通の客員研究員が研究所を訪れる場合，その費用はハーバード燕京が負担したのですが，市古先生は準会員として研究所を訪れたため，その際の費用は，東洋文庫がロックフェラー財団から得た資金で負担されました。しかし，研究所ではハーバード燕京が招待した研究者と同じように活動できたようです。

　ハーバード燕京の保管資料にある市古先生に関する資料の一つ目は，1955年4月15日に書かれた手紙で，ジョン・フェアバンク（John King Fairbank）先生[7]が市古先生に宛てたものです。このなかでフェアバンク先生は準会員の待遇について説明しています。手紙によると，フェアバンク先生は山本達郎先生[8]といろいろ相談し，準会員の研究条件を決めたようです。

　手紙には「滞在期間中はやりたい研究や勉強を自由にして構いませんし，果たさねばならない義務なども一切ありません」と記されています。原文は以下の通りです。"In respects other than the source of your stipend your privileges at Harvard will be analogous to those of the regular members of the Visiting Scholars Program, in that you will be free to follow whatever line of study and research you desire, and will be under no obligation to perform any service whatsoever."

ハーバード燕京に先生が滞在していた折の研究費は、先ほど申し上げた通り、ロックフェラー財団から出されており、同財団のオンライン・データベースを見ると、東洋文庫とのやりとりに関する書類が5点存在しています。今回はニューヨークに行く機会もなく、これらを実際に読んだわけではありませんが、きっと面白いことが書いてあるのではないかと思います。というのも、以前にロックフェラー・アーカイブズを利用した際、一つずつの書類が大変分厚く、そのなかには手紙のやりとりの記録もあれば、報告書もあり、またロックフェラーの委員会の顧問や何かの意見などもついていましたから、東洋文庫の歴史に興味がある人が見れば、それは面白いのではないかと思います。

さて、ハーバード燕京に保管されていた二つ目の手紙は、市古先生が1955年3月20日に書かれたものです。宛て先はジョン・C・ペルゼル（John C. Pelzel）先生[9]という方です。当時の研究所の所長を務めていたのはエドウィン・ライシャワー（Edwin Oldfather Reischauer）先生[10]でしたが、その年は研究休暇で日本に滞在中だったので、ペルゼル先生がその代わりを務めていたのでした。

市古先生はこの手紙に次のように記しています。「7月2日にケンブリッジ（マサチューセッツ州）に行く予定で、まずは英会話の集中講義を受け、その後に清末の革命運動を研究するつもりです」（"I intend to arrive in Cambridge, Mass. on July 2nd, to take lessons in English conversation next summer, and then to research on revolutionary movements in the closing years of the Ch'ing Dynasty"）。

ハーバード燕京に保管されている最後の資料は、ペルゼル先生が同年6月6日に市古先生に宛てた手紙です。ここには住む所を見つけるのを手伝いましょうとか、英語を指導してくれる人も見つけますよ、と言った内容が書かれています。当時の生活についても興味深い記述があります。例えば、家具つきのアパートの部屋について、だいたい1週間で10ドルだが、英語の講師を雇うのは高いと記されています。英語のチューターは、だいたい1時間に1ドル50セントから2ドルもするから、アパートは安いけれど、英語の講師を雇うのは高いというわけです。

残念ながら、ハーバード燕京に残っているのは、ここに紹介した文書３件のみです。普通の訪問研究者の場合は推薦状やら何やらいろいろありますが、準会員の立場で行かれていたから、そういったものは必要なかったのでしょう。後年、フェアバンク先生は市古先生とともにさまざまなプロジェクトをされていたので、もしかするとフェアバンク・センターにはもう少し記録が残っているかもしれません。今度ハーバードを訪れる際には、ちょっと調べてみようかと考えています。

　話は少し変わりますが、先ほど皆様は東洋文庫の近代中国研究委員会のことを話されていましたが、私は東洋文庫の利用者として、すばらしい研究環境を整えてもらったと思っています。1970年代初めのころにここへ勉強しに来ると、ほぼいつも世界中から中国研究者が来館していました。当時の閲覧室では、フランス人、ドイツ人、台湾人の研究者に出会えたし、本を借り出して、家で読むこともできました。

　それから、先ほど本庄先生も久保田先生も市古先生の目録作りについて話されましたが、おそらく日本人が使っていなかったのではないかと思われる目録もあります。*Japanese Studies of Modern China since 1953* は、市古先生、フェアバンク先生、蒲地典子先生の共著です。これはハーバード燕京が1975年に出版したもので、大判で相当に分厚い本でした。私を含め、若手外国人研究者たちはすぐにこれを買い求め、聖書の如くいつも参照していました。日本人研究者の執筆した論文や本の要約が書かれているので、これを参考にしながら何を読むかを決めたものです。

　私たち外国人研究者が大いに利用した目録はもう一つありました。この本が出版される少し前にフェアバンク・坂野両先生が編集した、*Japanese Studies of Modern China: a Bibliographical Guide to Historical and Social-Sience Research on the 19th and 20th Centuries* (Harvard University Press, 1971) です。これには戦前・戦時中の研究の説明があり、その目録もありましたから、外国の研究者にとっては貴重な宝でした。おかげで日本人研究者による膨大な量の文献のなかから、自分がどこから手をつければ良いかの手がかりを得ることが

できました。

　最後に私の研究と市古先生という観点から少しお話ししようと思います。私はもともと，ジョセフ・レベンソン（Joseph Richmond Levenson）先生[11]のもとで修士論文を書こうと思っていました。当時は中国思想史の研究をしたいと考えていたので，清末に日本に留学した中国人に目をつけました。修士論文では張継という人物について書きました。張継は『民報』の最初の編集長で，後に無政府主義者となって日本を追放され，フランスに渡って，フランスの左翼の人々（進歩的な人々）とさまざまな交流をした人です。

　私がちょうどこのテーマに取り組んでいたころに，メアリー・C・ライト（Mary Clabaugh Wright）[12]が編集した *China in Revolution* という本が出版されました。そのなかに "The Role of the Gentry : An Hypothesis" という市古先生の論文が収録されており，私が先生の論文を目にしたのはこれが初めてでした。辛亥革命についてアメリカで書かれたものとしては，この本はおそらく最初の価値ある研究書だったと思います。

　当時の私は，市古先生の郷紳の役割ついての一仮説というものにあまり興味を持てませんでした。保守的だなと思ったのです。日本に来たのがベトナム戦争のころであったこともあり，私も他の若い外国人の院生も，皆アメリカで反戦運動に参加していたものです。私たちが求めたのは，アメリカにはないマルクス主義の歴史論というか，それをベースにしたものでした。例えば，階級闘争とか，ブルジョア革命論とか，農民層分解といったものは，われわれにとってすごく新鮮でした。ですから，市古先生が論じていたようなことが革命とどういうつながりを持つのかが分からなかったし，郷紳の役割の意義についても当時は分からなかったのです。

　そこで今回の準備をする際に，もう一度この論文と，先生が書かれた英語の文献として有名な "Political and Institutional Reform, 1901–11" を読み返してみました。これは，*The Cambridge History of China* (Cambridge, 1980) の一章として先生が執筆された論文で，清末の新政，教育改革，軍事改革，その新軍などを扱ったものです。

今回，読み直してまず気がついたのは，先生の説明がとても明快だということです。1980年代に私と仲間の研究者とで，日本人研究者が執筆した明清社会経済史の論文を翻訳し，東大出版会から出してもらったことがありましたが，その時の論文はとても読みにくいものでした。

　私は，田中正俊先生の論文翻訳を担当しましたが，何時間も何時間も先生の説明を聞き，やっと理解することができました。しかし，市古先生の論文は本当に分かりやすい。現在，私がやっている1930年代の社会経済史研究では，一つの県の社会経済がどのように変化したかを考察していますが，市古先生が書かれたものを読むと，清末から，中国を制度の面，その背景にある構造の面から把握するとともに，人々の主体性といったことにも着目し，それらがどのように組み合わさることで中国が動いてきたのかを，明快に説明していると思います。このような論文は中国のこれまでの歴史だけではなく，現代中国を理解するためにも，大変役に立つものだと気がつきました。これから，市古先生の日本語で書かれた他の著作ももっと読み直そうと思っています。

　以上です。本日はどうもありがとうございました。

内山　ありがとうございます。
　では引き続いて，石島さん，お願いします。

市古先生とＡＦ問題

石島　紀之

　本庄さんから，市古先生とＡＦ問題について話すようにと言われて，正直言って困りました。おそらく，市古先生にとっては，あまり愉快でない経験について話さなければいけないのですから。

　しかも，ちょうどこの問題が起こったときには，僕はまだ大学3年生で，中国の近現代史を研究するつもりもなかったのです。そのころは，辛亥革命以前

は歴史ではないとアカデミズムの世界では考えられていたわけですから，大学に残ろうと思えば，もっと古いことをやらなければいけなかった。そういう状況だったので，久保田さんたちのように自分にとって切実な問題としては受け入れにくかったのです。

　そういったこともあって，たしかに学生として発言はしましたが，僕がこのテーマを話す資格があるかどうか疑問でした。ただ，アジア・フォード問題が起こってから50年たっていて，当時，がんばっていらした方々も，だいたい研究の一線から退いておられる。そうなると，今でも辛うじて研究の端っこにしがみついている人間として話す必要があるのかなと思い，あえてお引き受けしました。

　何を話したらいいか，ずいぶん考えました。50年前のことで，当時この問題に関わった人も記憶が薄れているでしょうし，まして僕より若い人たちにとってＡＦ問題は，聞いてはいても，どういう内容だったのか，はっきりしていないと思います。そこでＡＦ問題がどういう内容で，どこでどのように討論が行われたのか，それに対して，市古先生がどういう対応を取られたのかということを，僕の分かる範囲で話すことにします。

　私たちがＡＦ資金の問題について知ったのは，小野信爾さんが『新しい歴史学のために』に書いた「中国現代史研究における安保体制」という論文です。小野さんの論文によると，1960年８月から９月にかけて行われた箱根会議で，フォード財団から援助の申し入れがあり，フォード資金の内容も分かってきたということです。小野論文が紹介した「フォード財団報」の冒頭部分は，この資金が三角同盟であると言われた根拠になっています。

　「本日フォード財団は，現代中国に関する批判的知識を供する研究のため，日本，台湾，合衆国の諸研究施設にたいし総額140万ドルにのぼる補助金を与える旨発表した。補助金は東京の東洋文庫，台湾のアカデミア・シニカ（国立中央研究院）および合衆国の社会科学研究会議に与えられた」。研究範囲は，日本が20世紀（1949年まで）の中国の国内史，台湾が中国の外交関係，アメリカが中国の共産主義経済となっていました。

このフォード財団のプロジェクトについて、『アジア・フォード財団資金問題に関する全中国研究者シンポジウムの記録』の中で市古先生が言われたのは次のような内容です。

（一）資料を集め、整理し、公開する。貸出を行う。（二）「20世紀中国を研究する」。12人の研究者に研究を依頼して成果を単行本にする。（三）「海外に研究者を留学させる」。毎年1人、日本にない資料を見るために送る。

アジア資金に関しては、フォード財団のような資金の内容についての文章はありませんが、「現代中国研究センター趣意書」によると、1〜5までの内容が入っています。

めぼしいところだけとりあげると、奨学金については、大学院の研究者に対しての奨学金、とくに地方の大学の学者のための補助金、『現代中国』の寄稿者に対する研究資金です。それから、海外研究奨学金があって、毎年各1名、若い学徒・学者を送るというものです。講義とセミナーも大変充実していて、夏期講座を40時間やる。地方学生のためには、旅費と滞在費を支給する。月の講座が20時間、週の講座が60時間という内容です。当時としては夢のような計画だったのです。

こういう計画が公表されて、各場所で討論が始まります。『全中国研究者シンポジウムの記録』によると、4月から7月4日、シンポジウムの前日まで、多くの単位で討論が行われました。この中でとくに活発に討論が行われたのが、東京都立大学、東京教育大学、京都大学、研究会としては中国近代思想史研究会、中国現代史研究会です。

大阪、広島、北海道でも討論が行われましたが、全体としては、東京、京都が中心でした。ただ、これだけ広範に、大変熱心に議論が行われたわけですから、決して一部の人々の動きではなかったということは確実に言えると思います。

5月20日には中国研究者研究団体連絡会議がつくられ、京都でも同じような会議がつくられて、7月5日に明治大学で、分かっている人数で266名、実際にはそれよりも多い参加者、300名近い人々が集まった大変画期的な集会が行

われました。

　参加大学を見ると，東京は23校，地方は18校です。これは当時の日本における中国近現代史研究がきわめて脆弱であり，地方でそれを勉強するのは難しかったことの現れだと思います。地方の参加大学としては，北海道大学，東北大学，福島大学，宇都宮大学，千葉工業大学，横浜市立大学，金沢大学，愛知大学，名古屋大学，京都大学，同志社大学，立命館大学，大阪外国語大学，大阪市立大学，桃山学院大学，神戸大学，広島大学，北九州大学です。当時の日本における近代史研究が不十分だったということは，この点を見ても分かると思います。

　シンポジウムが終わった後，7月25日に中国研究者研究団体連絡会議が解散し，その後，中国研究者・研究団体連絡協議会がつくられて，引き続き，この問題に取り組んでいきました。

　反対論と賛成論をまとめてみます。

　反対論で一番多かったのは，両資金の政治的な性格，米・台・日の三角同盟，安保体制の中国研究版というものでした。また中国との学術交流がこれで阻害されるという意見も多くありました。それから，豊富な資金が提供されるので，この資金を握っている人々によってボス体制が強化されるし，賛成の者と反対の者とで分裂が生まれるのではないか，またアメリカに依存しては自主性が損なわれる，戦前からの日本におけるアジア研究，中国研究の伝統的性格に対する反省が必要だという反対論もありました。

　賛成論としては，地方の劣悪な研究条件がこれで改善できるという意見があったし，研究者が主体性を持っていれば，お金はどこからもらっても大丈夫だ，さらには，帝国主義から金をもらってがんばればいいという勇ましい議論もありました。

　なぜＡＦ問題はこれほど大きな問題になったのでしょうか。時代背景としては，当時のアメリカは中国封じ込め政策を取っていたし，日本も中国を敵視する政策を取っていました。そして1960年には，日本の民衆運動史上いまだかつてないような大規模な安保闘争が起こっています。

1961年にはライシャワー氏が大使として着任し，いわゆる「ケネディ・ライシャワー路線」が展開されます。そこでは，中国の革命の歩みではなく，日本の近代化こそがモデルだということが強調されたのです。こういう時代背景があったなかで，両資金には政治性があると多くの人が思ったのです。

　もう一つは，資金が非常に巨額だったことです。フォード財団の資金は6,000万円，アジア財団の資金は5,500万円，1年にすると合わせて3,000万円という額です。若いみなさんは大した額ではないと思われるかもしれませんが，1960年当時のコーヒー代は60円，小学校の教員の初任給は1万円です。アジア財団の奨学金は，修士課程の人に対しては毎月1万円を12カ月出す。博士課程に対しては2万円を出す。ですから，博士課程に関しては，教員の初任給の2倍の額が出るわけです。また，旅費も多い。たとえば，現代中国の希望者への研究資金としては10万円が出るという，当時としては本当に夢のような話でした。

　こんな巨額な資金が，しかも政治性があると思われる状況で出されてきて本当にいいんだろうかと，多くの人が考えたわけです。

　この点では，貧弱な中国近代史研究の状況を改善したいと考えられた市古先生の強い思いと，そういう市古先生の思いを十分理解しながらも，やはり疑問を持たざるをえなかった，当時の反対を述べた人たちとの間に，大きなずれがあったと思います。

　しかし，その後，東洋文庫では市古先生を中心としてプロジェクトの変更が行われ，フォード財団の資金もアジア財団の資金も1960年代には打ち切られて，ＡＦ問題から離れて東洋文庫を利用できるようになりました。僕自身もマスターコースを出てから10年余り高校で教師をして，1970年半ばに茨城大学の教師になりましたが，そのときには安心して東洋文庫を利用させていただき，この貸出制度の恩恵を大変受けました。実にありがたく思っております。

　一方，反対運動については，1963年に中国学術代表団招請運動があり，中国との交流をやるのが本筋だということから，まさに大衆的な招請運動が行われました。しかし残念なことに，その後，文化大革命によって中国研究者の間に

分裂が起こり，ニクソンや田中角栄の訪中などによって中国を取り巻く状況はすっかり変わり，アジア・フォード問題は次第に忘れ去られてしまったように思います。

アジア・フォード問題の具体的な研究の成果としては，旗田巍さんの「日本における東洋史学の伝統」（『歴史学研究』270号）が一番大きかったのではないかと僕は思っています。

こんにちの日本，あるいは中国の状況をみると，いまだに歴史問題が解決されていない。他方では，日本を戦争ができる国にするような体制が「憲法」を破壊しても着々と進んでいる。中国では，大国化が非常に進み，内部の矛盾が激化している。こういう状況の中で，なぜ，どのようにして中国を研究するかという，このアジア・フォード問題のときに真剣に考えたことが，改めて問い直されてもいいのではないかと僕は思っています。

内山　ありがとうございました。

では，土田さん，お願いします。

市古宙三先生と近代中国研究——中央大学との関わり

土田　哲夫
（66〜69頁，報告レジュメ）

中央大学の土田です。東洋文庫との関わりでは，人間文化研究機構の現代中国地域研究支援事業の拠点であります。現代中国研究資料室を東洋文庫内に置かせていただき，その関係の仕事もしております。

「はじめに」（報告レジュメ）のところで個人的な関係からお話を始めるのが普通でしょうけれども，他の報告者の先生方が，直接，市古宙三先生のお教えを受けたり，学会活動を通じてさまざまなお付き合いがあったり，あるいは反対運動とか，いろいろなかたちで学会での直接の関わりがあったのに比べます

と，実は私自身は，市古宙三先生とはまったく面識はありません。ですから，なぜ私がここにいるのかと疑いを向けられそうです。先ほども実は某先生から，「あれ，土田さん，いったい何をしゃべるの？」と言われたのですが。

　おそらく，本庄先生から私に話すようにとご指名があった理由の一つは，本日もご来席の平野健一郎先生などとご一緒に，『インタビュー　戦後日本の中国研究』（平凡社，2011年）という本の企画・編纂に関わったからだろうと思います。

　その中では，ぜひ市古宙三先生にもインタビューをさせていただき，戦後日本の中国研究におけるご自身の役割について，自ら当事者のお言葉をもって語っていただきたかった，とりわけ東洋文庫の近代中国研究室の活動は，どういう位置，どういう意味合いがあったのか，ご苦労も含めてお話をいただきたかったのですが，結局，ご健康上の理由でかないませんでした。

　それで，『インタビュー　戦後日本の中国研究』には，その代わりといっては失礼ですが，本庄先生のお話を収録させていただいております。「近代中国研究と東洋文庫」という，東洋文庫での講演でなさった話を，さらにまたご加筆，補充，訂正などをいただくかたちで収録させていただきました。そのように，戦後日本の中国研究に関わる事柄もやっていますので，何か話すようにということだと思います。

　戦後日本の中国研究で史学史的な観点から見ますと，市古先生の位置はどういうことになるかというので報告レジュメの1ですが，3点で整理したいと思います。

　一つは，戦後日本の近代中国研究の開拓者です。私からすると，本当に書物を通して仰ぎ見るような存在でした。具体的な実証研究の成果，主要なものは，1971年に刊行されました『近代中国の政治と社会』に収録されておりますし，それ以外にも広範にわたるご研究を踏まえた，非常に読みやすい通史の本，概説書をたくさん出されております。

　そういった通史的なものや概説書，教科書なども，あまり意味がないというような見方も可能かもしれませんし，時代がたつと歴史の見方は変わるので読

まれなくなるかもしれませんが、やはりこういった概説書、教科書のたぐいというのは、まだ入門段階の、あるいはそこにも至っていないような人には非常に大きな影響力があるものです。

　私自身、河出書房の世界史のシリーズにあります『中国の近代』、副題に「アヘン戦争と太平天国」と書かれていますが、それを高校生のころに読みまして、非常に影響を受けました。こういった分野の勉強もやってみたいと思う一つのきっかけとなった本です。

　二つ目は、市古先生の史学史的な位置と言いますか、研究史的な位置としては、ご自身が実証的な研究をされたり、あるいはさまざまな概説書、通史を書かれるというだけではなく、より広範な研究者、この分野で学ぶ者のための研究の環境整備、インフラ整備をやってくださったということです。

　経済において具体的な産業発展を行う前に鉄道を敷く、港湾をつくる、さまざまな開発を行うと、こういったインフラ整備が不可欠であるのと同様、目に見えないかたちではあるかもしれませんが、近代中国研究の発展のために大きな貢献をされたと言えると思います。

　私たちは皆、その受益者となっていると思います。それは、さまざまな研究案内の執筆、蔵書目録の作成、雑誌内容の具体的な目録、資料解題の執筆・作成などがあり、報告レジュメに挙げました『近代中国の政治と社会』の半分までは行かないと思いますが、3分の1ぐらいが、研究者のための「文献の探し方」、太平天国、義和団など、各分野の研究案内が長々と続いております。初めてこの本を見た時は驚きましたが、こういったものはその後の研究者にとっては非常に有益なものです。

　それから、『近代中国研究入門』は後で同じ名前の本がでて、既に1974年の本はout of dateになっているのかもしれませんが、この本が出た時には、非常に便利な、誰もがバイブルのようにして見る本でした。その中に「研究のための工具類」ということをお書きです。

　『中国研究文献案内』はJ. K. フェアバンク先生との共著です。これは、フェアバンク先生の名著、*The United States and China*（Harvard University Press

1948）の翻訳の際に，フェアバンク先生の著書の最後にありますBibliographyに，さらに市古先生が日本の研究文献について付け足したものを合わせて単行本として出されたものです。このような研究案内類というのも，非常に大きな学界への貢献だと思います。

　また既に，何度も指摘されておりますように，東洋文庫の近代中国研究室で近代中国に関する広範な文献の収集をされ，とりわけ非常にオープンな利用のシステムをつくってくださった。館外への貸出を行ってくださったことは，私も含めて多くの研究者に便宜を与えたものとして，繰り返し指摘するに値することだと思います。

　私自身，東洋文庫に初めて通ったのが学部の3年生の時でした。当時出ておりました大学のアジアの歴史の授業で，その年はインド史の長崎暢子先生が担当で，第2次世界大戦中の中国国民政府のインド政策について調べろと言われました。今でも研究の多い分野ではないと思いますが，学部3年生でそんな命令を受けて，いったい何を調べたらいいのか分からないので，慌てていろいろな目録をくったりしました。

　そうすると，興亜院が出していた『情報』に，重慶の放送を傍受した記録として，こういうことを蒋介石が言っているとか，あるいは何年何月何日，蒋介石がインドを訪問したとか，いろいろな記録があるとか，『印度問題を繞る重慶側論調』という調査記録があることが分かり，初めてこちらに通わせていただいたわけです。

　三つ目は，教育者としての面です。中国のことわざで，名師のもとで立派な弟子が育つという意味の「名師出高徒」というものがあります。先ほどお話になった浜口先生，本日の企画者の本庄先生をはじめ，さまざまな優れた研究者の方々を養成されているということで，これらの先生方を通じて，私たちも間接的なかたちで恩恵を受けていると言えると思います。

　それだけでなく，たまたま私は中央大学に勤めておりますし，市古先生の経歴を見ましたら，中央大学との関わりもかなりありましたので，中央大学時代の市古先生について調べたことをご紹介し，本日の報告の責を果たしたいと思

います。

　中央大学に市古先生がいらっしゃった時期は，時期区分をしますと，第1期は1946年から1951年3月までです。1946年に中央大学の予科の教授となられ，それから大学の学部の教授で一般教養科目を担当されて，1951年4月からお茶の水女子大学に移られております。それ以前に，兼任講師として授業を担当されていたこともあったようですが，記録はありませんでした。

　中央大学に移ったことに関して，ご自身の書かれているものとしては，先ほどから何人かの先生方が引用されましたが，「近代中国研究と私」というご自身の回顧文の中で，大学院を出た後，最初は文部省で『東亜史概説』の編纂を行い，それから東亜研究所に入ったけれども，敗戦とともに研究所はなくなった。しかし幸いなことに間もなく中央大学に入り，それで生活を安定させ，そして本格的な研究を進めることができたといったことが書かれております。

　そもそも，なぜ中央大学に来られたのかということは，ここでは書いていませんのでよく分かりませんが，中大の教員の何人かの履歴を見ますと，市古先生の出身研究室であります東京帝国大学の文学部東洋史研究室の卒業生が何人もいますので，関係があったのかと思います。

　最初，文部省で仕事をする時に紹介してくださったとお書きになっています鈴木俊先生は，中央大学文学部で専任教員として教えていらっしゃいました。

　それから，しばらくたってですが，中村治兵衛先生が幾つかの大学を経て，1974年に中央大学文学部に移られました。中村先生は東大東洋史での1年後輩で，東亜研究所でも同僚だった方です。2度目に市古先生が移られる時は，中村先生が中にいて，おそらくはご推薦されたのかとも思われます。

　このほか，中央大学では学部も違いますし，研究分野も離れていますが，江副敏生先生がおられます。江副先生は同じ年，同期の東大東洋史卒で，その後，東亜研究所に入り，現代中国の政治経済研究などをされ，戦後はソ連と中華人民共和国の経済・政治などの研究をされていました。江副先生とのお付き合いなどもあったと思われます。

　研究者を評価する場合，まず研究業績を挙げますし，大学の採用や昇進など

も業績審査というものがあるわけですが,最近は,とりわけ現役の先生方はご存じのように,教育業績も出せというようになってきていると思います。そういう面では,中央大学時代の市古先生の教育面での活動を,成果・業績として証拠が残っているものをこの後,紹介したいと思います。

第1期 (1946〜1951年) は,最初に予科,次いで学部の一般教養担当というかたちでおられました。授業科目で何を担当していたのかは調べられませんでしたが,法学部に通信教育部があり,そちらで編纂されていた教科書や指導書は大学の図書館にありましたので,それを見ることができました。

『東洋史』という概説の教科書を,最初は (一),(二) というかたちで出され,後にこれをまとめたものを出しております。1967年が第8版となっていますが,合訂版になったのはこのころかもしれません。

1950年に出された『東洋史 (一)』に出ております写真は,原本の印刷が古く,酸性紙でぼろぼろのものですので印刷もあまりよくありませんが,レジュメ1ページ目に,30代後半ぐらいの市古先生のお写真を付けておきました。このような教科書,学習指導書などの編纂をされております。

教科書であった『東洋史』の構成は,中国文化の起源,殷,周,春秋戦国時代から始まり,清代前期・後期と分けて中華民国に至る,文字どおりの概説書です。通信教育ですので,教科書を読んで学生がレポートを出さなければいけない。それが,きちんと書けていれば単位がもらえます。

その課題として,どのようなことが出されていたのかと言いますと,(一),『東洋史』前半部分では,第一問・第二問,そのどちらかを選べと。(二) では,第一問「宋以後における皇帝独裁権力の発達について述べよ」,第二問「シナ文化の西洋に及ぼした影響について記せ」とあり,経済史,文化,政治,中国と西洋との交流と,非常に目配りの利いた問題ではないかと思います。

先ほど浜口先生から,学生から見た市古先生ということで,非常に学生思いの先生であった,情の厚い先生であったというお話がありました。

通信教育の教科書には「受講学生に与える言葉」というのがあります。それは1950年ぐらいですので,日本全体も戦後の焼け跡の時代で,貧しく,また飢

えている時代だと思いますが，とりわけ通信教育部に所属している学生は，そんなに豊かでもなく，また地方でいろいろな仕事をしながらという人が大部分ですので，そういった学生たちに与える言葉としては，まず「健康であれ」というのが第一であると。

それから，「通信教育の長所を生かし，短所を補え」と，長所よりも短所がいろいろと書いてありまして，皆さんは，こういうこともできないので非常に残念である，気の毒に思っているという，そういった気持ちがにじみ出るような文章です。

また，通信教育用の学習指導書にも，かなり細かく中国史研究の工具書の説明があります。後に，さまざまな研究案内をご執筆，ご刊行になりますが，そのような萌芽がこの辺から出ているのかと思われます。

市古先生の中央大学での第 2 期は，お茶の水女子大学の学長をご退任になり，中央大学に最後の 5 年間お勤めの時期です。この時期は，一般教養ではなく，文学部の史学科東洋史専攻で専門教育をなさっておられました。通常の東洋史関係の講義，東洋史概説，中国近代史の講義・演習，学部と大学院の演習というものでした。

最後にご退職になる1983年度の例をあげますと，そこに書いたようなものです。この年は，東洋史概説は，おそらく定年の先生なのでご負担をへらすために別の先生に代わったようで，学部も演習科目を 2 つ，講義は 1 つご担当になっています。

その間，指導されていた学生として調べた限りでは，台湾の政治大学の林恩顕さんという方の博士論文の指導をされました。あと，中国共産党史研究の北田定男先生，私とだいたい同世代の満洲研究の塚瀬進さんなどがご指導を受けていると伺っております。

中央大学との関わりを中心に情報提供をさせていただきました。以上です。

内山　ありがとうございました。

ご報告いただいた方々は，15分という非常に短い時間で言いたいことも言え

なかったかもしれませんが，それは後半部分でまた補っていただければと思います。

3時半まで休憩で，コーヒーブレークとします。3時半になりましたら，また再開したいと思います。

以上で前半を終わります。ありがとうございました。

（休憩）

久保亨 そろそろ後半部分の会を開きたいと思いますので，ご着席ください。

前半でお話しいただいたことを手掛かりに，糸口にして，さまざまな思い，あるいは思い出されることでのお考えなど，お話しいただければと思います。後半の司会は，私，久保が担当することになってしまいましたので，よろしくお願いします。前半にお話しいただきたかったのですが，ご都合で前半に間に合わないということでしたので，後半の最初に鶴見先生からお願いします。

文庫の中からの市古先生

鶴見　尚弘

皆さん，こんにちは。遅れまして，大変申し訳ありません。前任校の大事な会合がございまして，川崎の山あいの会場のほうまで朝から行っておりました。何とか間に合わせようと思って，急遽，参りました。

本来ですと，前半からお話を聞いていれば，同じような話をしないで済むでしょうし，またそのお話を聞くことによって，私の考えを改めたり記憶違いを正したりすることができるわけですが，それが出来ませんので，お聞き苦しい点もあろうかと思いますが，ご勘弁いただきたいと思っています。

実は私の研究は，皆さんご存じのとおり，中国近代史とは直接の関係はございません。ただ，市古先生は，日本の中国近代史研究ではもちろんですが，東

洋文庫の中でも大変大きな地位を占められた方だと思っておりますし，大変尊敬する先生でございます。また，私も20代からずっとお世話になりました。その先生が亡くなられてから一周忌になるということで，感無量のものがございます。

　市古先生が終始考え，かつ，みんなが反対をしても俺一人でも，と早くから発言され，全霊をうち込んで頑張られたのが，中国近代史の資料の収集であり，資料の収集に止まるのではなく，資料がいかに万人に開かれ，それが有効に活用できるか，そこまで配慮する必要がある。それはたんに，資料の収集の拠点ではなく，研究の拠点にもしたいと，かねてからおっしゃっていました。

　私は昭和6年，旧満洲の公主嶺生まれで，私は引き揚げてくるまで日本の空気を吸ったことは一度もございません。

　昭和20年6月23日，今でも私ははっきり覚えておりますが，「義勇兵法」が発布され，同時に即日実施となりました。私は当時，中学2年生でしたが，数え年15歳以上は義勇兵になるべきだということで，直ちに満洲の開拓団に学徒動員で送り込まれました。

　敗戦後私は，ソ連，中国共産党，国民党の支配下で捕虜になり，重労働をさせられた後，日本に引き揚げました。入国審査の身体検査で心臓の鼓動が怪しく，聴診器を当てられた時には「おまえ，本当に心臓は左にあるのか」と言われて，何をばかなことを言っているのかと。くたびれて，そんなくだらないことに返事することもないと思っていましたが，中学校に復学しようと思ったら，実は心臓の鼓動が薄弱で，遠くを歩くのは駄目であると言われました。

　しかし，食うためにはしようがないので，農作業をしたり，その他の肉体労働をしたりして食いつないだという体験を持っております。

　私の少年時代は読書とは程遠く，外をとび回って遊ぶ事に精を出していました。しかし極端な国家主義の下での勤労動員や軍事教練，人格を極端に冒瀆された捕虜生活の中で，無性に知的なものへの渇望を感ずるときがありました。

　引き揚げ後，敗戦の惨状を見るにつけ，あの無謀な戦争とは何であったのか，何故起こったのかを自問すると共に，聞き馴れない民主主義とは？　平和はど

うすれば守れるのか等を少しでも理解したいと思い，当時の荒れた学校や公立の図書館等で文献を探し求めましたが，期待する書に出会うことは稀でした。

　占領軍によって，軍国主義的，及び国家主義的概念を表現する書物は排され，地歴教育が禁止されたため，それらに抵触すると見られる書物を自発的に撤去した結果でした。

　古書店の在庫状態も戦災や戦時統制下の思想統制や貧弱な出版事情から極端な品薄の状態でした。戦後，話題に上る新刊書が出版されるという情報が流布されると徹夜で並ぶという状況で，地方の市井人には程遠いものでした（戦中・戦後の学徒の方々には，同様の体験をなさった方々が多いように感じております）。

　市古先生は，日本での中国近代史研究が非常に遅れていると痛切に感じられたということを，あちらこちらで書かれておりますし，また，おっしゃるとおりでした。私は東京教育大学の出身ですが，教育大学に入りました時に，先生方と座談というかたちで「きみたちは何をやろうと思っているのか」と聞かれた時，学友の数名が「近・現代史の研究をしたい」と言ったところが，話の主題にも取り上げてもらえませんでした。

　中国近・現代史を研究するというのは，だいたい資料が集まっていないし，方法論的にも確立されていない。中国近・現代史をやるのは，東洋史学では相当無理である。そういう問題は，ジャーナリストとか，あるいは経済界の特定の人，または外交官に頼めばいいのであって，歴史学はもう少し実証を旨とする研究をすべきであるというのが当時の教員連中の大勢でした。

　当時，野澤豊さんは助手で，われわれと教員が座談をするときには助手の方は退席をされましたから，野澤さんはおいでにならなかったのですが，あの場にいたら，非常につらい思いをなさったと思います。そういうことが，当時は当たり前のことでした。これは東京大学の本郷の文学部などでも似たり寄ったりだったですね。しかし，東洋文庫では，市古先生がいらしたからそういう雰囲気は比較的希薄だったと私は思います。

　私が，東洋文庫に最初に来ましたのが昭和27年です。大学に入りますと，東洋文庫という専門図書館があるので，それを学生たちは見ておくべきだとい

うことで、まず最初に、東洋文庫と内閣文庫に案内されました。本当に想像を絶するすごい資料があることに驚くと同時に、こういう本を近くで研究できる人がうらやましいという気持ちを非常に強く持ったのを今でも覚えております。

　しかしながら、こういう図書が現在まで残っているということは、いつの時代でも、どこの書庫でもそうですが、先人が大変な努力をして、その努力の積み重ねの結果、こんにち、その書物が残っているわけですから、やはりわれわれがその本を見させていただくときには、先人の苦労というものを確認した上で資料に対面しなくてはいけないだろうと思います。

　東洋文庫の場合には、書籍の疎開に関する詳細な貴重な記録が残されていますので（星斌夫「東洋文庫蔵書疎開雑記」『書報』[極東書店] 1巻5～7, 1958.『明清時代社会経済史の研究』[国書刊行会, 1989] に再録）、それに譲りますが、榎一雄先生[13]と星斌夫先生[14]と、わずかな用務員さん（いわゆるお手伝いさん）と若干の方の協力者によって遂行されました。

　しかも、当時根こそぎ動員されておりますから、東洋文庫の本を運ぶというのも、まず若い人はほとんどいない。若くて残っているのは、胸などを悪くした人が徴兵に取られなくて残っているだけであって、丙種合格まで根こそぎ動員をされているわけですから、肉体労働に耐えられるような人はほとんど残っていない。小使いさんと言われる人も、高齢の方しかおいでにならない。そして、もちろん交通状況の悪い中で、本の包装から移動その他をしなくてはいけなかったから、それは想像を絶するものであったと思われます。

　私は、先ほど教育大学だと申し上げましたが、教育大学は東京文理科大学の後身になります。昭和20年5月24日の東京大空襲で、いわゆる東京文理科大学の東館は全部焼けてしまいました。図書館・寮も焼けましたし、本部も焼けました。西館と言われる理学部と書庫が辛うじて残ったのです。

　当時を記録している資料によりますと、雇員と図書館員2人の方が必死になって、文理科大学の何十万冊とある本を守ろうとした、その功績によって喪失を免れたと。しかし、その後の見当では、五万冊弱が燃えたといわれております。

また，内閣文庫では，大戦末期に皇居に焼夷弾が落とされ，その火の粉がすぐそこまで入ってきた。何とかこれを防ごうとして，命がけで鉄扉を閉めたと。お陰で，火災は免れたが，高温の煙が庫内に入ってきて，その結果，本が相当傷んでいると。これは私も実見しましたが，ずいぶんと煙で，焦げたとまではいえないものの変質をしている書籍が残念ながら多数あります。
　当時は冷房設備がありませんので，窓を開けて本を見ておりますと，微風が吹いてきて，清の中期以降の地方志等は紙の一部が粉になって吹き飛んでしまって，活字がなくなってしまうのです。そのようなことがあって，夏の暑い時でも窓を閉めて読書したものです。このようなことは市古先生も十二分にご存じだったと思います。ですから，中国の近現代史をやるためには，どうしても必要な書籍を是非，今集めなくてはいけないと。
　敗戦後の1950年代前後だったと思います。国の官庁等が廃止になったり，あるいは編成替えがあったからだと思いますが，官公庁の思わぬ資料が古本市場に出され店頭に無造作に積み上げられていたとか，あるいは，ある古本屋さんが，珍しい資料を，「こんなものがあるけど買わないか」と言ってくることが実際にありました。
　これらは市古先生は勿論ご存じでして，私と神保町の古本屋街をぶらついた時に，今，資料を集めないと駄目なんだと。本はいくら高くても何とかなる。しかし，こういう統計資料や官庁の資料は，今押さえないと二度と日の目を見なくなってしまう。今やらなくてはいけないんだと盛んにおっしゃっていたことを，思い出します。
　そういう中で市古先生は，まず資料を集める。そして，若い人たちが勉強しやすいように工具類を集めて，誰にでも公開したいという夢を話されておりました。まだ，アジア・フォード等の問題が公にならない前のことです。
　アジア・フォード等の問題が出てきた時にも，「どういう研究をなさるおつもりですか」とお尋ねすると，今でも覚えているのは「Contemporary Chinaだ」と。「Contemporary Chinaと言っても，はっきりしないじゃないですか」と申し上げたら，「いずれにしても，人民中国（1949年〜）は今のところはや

らない。それ以前のところで，アヘン戦争から，そこまでの研究をする」とおっしゃっていました。

そして市古先生は，日本の東洋史学の戦前の研究方法に対して，大変懸念を持たれておられました。「実証のための実証なんていう，そういうくだらんことをやってもしようがない。何のために歴史をやるのかということを明確にする必要がある」と。

その点では，アメリカの東洋学研究から，多くのサゼスチョンを得られたことは間違いないと思います。ですから，フェアバンクの翻訳本を出されたりしたのも，実はアメリカのフェアバンクやライシャワー等のアジア研究に対して，やはり日本でもああいう研究方法を導入しなければいけないというお気持ちがあったからだと思いますし，アメリカに出張なさって，その思いを一層強められたのでしょう。

そういうお気持ちがあって，何とか日本の中国近代史を欧米並みの水準にまで高めたいというお気持ちが非常に強かったことは確かです。

アメリカのアジア研究が，アメリカの世界政策とのつながりの中から出てきていることも，市古先生は十二分にご存じです。だからこそ，「Contemporary Chinaと言っても，人民中国は差し当たり対象にしない」と明確におっしゃっていたのだと思います。

そして今，市古先生がこういうことをなされば，将来，必ずや多くの研究者のためにプラスになるという確信を持たれていた。ある意味では，市古先生は近代史研究の発展のために捨て石になってやるんだというお気持ちを持ってなされたんだと私は思っております。

まだまだ言いたいことはたくさんありますけれども，時間もありませんので以上とさせていただきます。思い付くままに話が長くなって申し訳ございません。

久保　ありがとうございました。

1940年代から1950年代の時代を振り返るようなお話．その中での市古先生

のお考えになっていたことを，非常にその時代の雰囲気を感じさせるようなかたちでお話しいただけたと思います．

自由討論

久保 これから，フロアの方々から，ご自由にご発言をお願いしたいと思います．前半の，ここの前に座っていただいた方々のご発言の中で，ここだけは直しておきたいということが，もしありましたら言っていただきたいし，ここは補足しておきたいということを，どうぞお願いします．

蒲地典子 蒲地典子と申します．私は浜口さんと一緒にお茶の水女子大学で市古先生に直々にお教えを受けた二百何十名かの幸運な学生のひとりでございます．お茶の水を卒業した後，しばらくたってからハーバード大学院に留学しまして，フェアバンク先生の教えを受けることもできました．

　今お話がありましたように，市古先生は，日本で中国近代史研究をどのように始めるかについて大変な努力をされた方で，日本の近代中国研究史上の画期的な存在であったと思います．そして市古先生をその方向に向かわせた仕掛け人といいますか，大きな動機となったのは，フェアバンク先生だったと私は思います．フェアバンク先生は，日本の中国研究を大変高く評価されており，山本達郎先生ご夫妻，坂野正高先生とも親しく，日本の研究によく通じておられました．とくに坂野先生はハーバード大学に留学しておられたとき，セミナーで清朝の文書を読む際に，外交文書の読み方で中国人の学者と議論になると，坂野先生のほうがいつも正しかった，とフェアバンク先生が言っておられました（そのころの成果が坂野先生のご著書，『総理衙門の設立過程』になったのだと思います）．その当時アメリカにおられた中国人の学者は太平洋戦争以前から来ておられた方と戦後に台湾か香港から来た方たちでした．フェアバンク先生はアメリカで中国研究を育てるために他国の中国研究がどうなっているか，日本ば

かりでなくヨーロッパはもちろんソ連，韓国の研究水準を学ぼうと努力されていました。市古先生がフェアバンク先生にどのようにして出会われたのか，私は残念ながら市古先生に伺う機会がありませんでしたが，おそらく坂野先生や山本先生のご紹介だと思います。

日本では東洋史研究の伝統の中に閉じこもらない新しい近代中国研究を創り出すのが課題でしたが，アメリカでフェアバンク先生が立ち向かったのは，如何にしてアメリカの学界に近代中国研究を学問的研究分野として認めさせるか，という問題でした。アメリカで「世界史」といえばヨーロッパ史に他ならなかった時代です。ハーバードのような古い伝統をもつ大学の歴史学部で中国史研究をまともに受け入れてもらうことはとうてい無理でした。当時の歴史学はヨーロッパの伝統的な学問の一部としての歴史学であり，洗練された英語の表現能力が学術書の成功の決め手でした。そこでフェアバンク先生は歴史学部の周りに研究委員会というものを創りました。地域研究委員会とか，東アジア研究センターなど，初めはそれぞれの専門分野の学部に籍をもつ研究者の寄り合いでしたが，やがて研究機関として大学の中に定着し，修士や博士の学位も出すようになって学部と同じような教育機関になりました。ハーバードに続いて主な大学につぎつぎに中国研究センターができてアメリカの中国研究が盛んになりました。市古先生が東洋文庫に創設された近代中国研究センターも，もともとはフェアバンク先生の考えから出たものでした。フェアバンク先生は中国近代史のような新しい研究分野を育てるには研究者の国際的な協力がたいせつだ，と考えておられました。市古先生が日本を代表する学者として選ばれたのは，フェアバンク先生が市古先生を高く評価されていた，ということにほかならないと思います。

先ほどリンダ・グローブさんが言及された日本の近代中国研究のビブリオグラフィー（*Japanese Studies of Modern China since 1953: A Bibliographical Guide to Historical and Social-Science Research on the 19th and 20th Centuries,* East Asian Research Center, Harvard University, 1975）は1953年から1969年までの間に日本で出版された研究業績の解題ですが，実は私が全

文を書きました。これについては私が言わなければほかに誰も話す人がいないと思いますので，これについてお話させていただけるのは光栄です。私が博士課程の学生になったころのことです。そもそも市古先生は一般的に女子学生が研究者を志望することには否定的でした。女性は結婚して子どもを育てるのが使命だから，ということです。

久保 1950年代ですか。

蒲地 そうです。結婚して子どもを育てていれば学問をする時間などないから絶対に研究者になれない。もしも家庭をつくらずに学者になろうと思うならば時間はあるかもしれない。しかし，家庭を持たない人間は社会的に一人前ではないので，そんな人間は学者として育たない。いずれにしても駄目なのです。ですから，浜口さんは別ですが，私のように言われたことに反発する学生は何とかして自分はやろう，と思う。要するに，市古先生が駄目だと言ってくれたおかげで，私はかえって意欲を燃やしたということです。そういう意味で，変な意味で感謝しなければならないのです。市古先生が二度目にハーバードにいらしたころ，私は博士課程に進むかどうか，だいぶ迷った揚げ句に願書を出しました。後で選考委員の先生のひとりに聞きましたら，成績的には私を入れないわけにはいかない成績だったそうです。その時たまたま市古先生がいらしていて，「この学生はどうか」と訊かれて，「あいつは日本に帰ったほうがいい」と言われたそうです。それは先生の照れ隠しというか，自分の学生を褒めない，という日本男性が共通に持っていた一種の照れ隠しで，悪意があっておっしゃったわけではないのですが，アメリカの先生方にそんな奇妙なことが通じるはずがありません。あとで聞きましたところ，先生方は，市古先生は私が日本に帰ることを希望されている，と思われたそうです。私は博士課程に入れてはもらえましたが，奨学金はもらえませんでした。拒否するわけにはいかないけれども資金が出なければ当然諦めるものと思われていたのです。それでも私は頑張っていろいろなアルバイトをして，おかげさまでたいへんいい勉強になりま

した。

　そのころフェアバンク先生の授業をハーバード燕京の大教室の後ろの席で聴講していたとき，講義を終えた先生が私のほうに歩いて来られて「あなたはどうやって生活しているのか」と訊かれました。そして，自分の娘に中国語を教えてくれないか，と言われました。奨学金のない私に少しでも経費の足しになるようにとの心遣いからです。私が中国語の家庭教師になるなど，今では考えられない話ですが，毎週一回お宅に伺って，後に看護師さんになったお嬢さんに初歩的な中国語の授業をしました。そのほかに，フェアバンク先生はときどき日本文を英語で要約する仕事をくださいました。先生はたいへん忙しい方ですから，全部を訳したのでは読む時間がもったいない。肝心なところをつかんで著者の言いたいことを要約し，その文章が書かれた背景を簡潔に説明する仕事です。いい勉強になりました。ある日，どういう理由か忘れましたが，フェアバンク先生のお宅に呼び出されて，居間にすわってお話を聞いているときにメアリー・ライト（Mary C. Wright）さんから電話がかかってきました。先生はそのとき日本の中国研究の文献解題をつくる話をされました。居間のテーブルの上にはフェアバンク先生が坂野先生と一緒に出版された *Japanese Studies of Modern China: A Bibliographical Guide to Historical and Social-Science Research on the 19th and 20th Centuries*（Harvard University Press 1971）という分厚い本が置かれていました。この本は絶版になっているから，とご自分の署名のある本を私にくださいまして，この続きをつくることを考えているけれども，どう思うか，と訊かれました。その時はまさか私が一冊の本を書くことになるとは思いませんでした（Fairbank-Banno 共著の本は，索引を作成された山本澄子先生のお名前を著者の一人として加えて数年後に再出版されました）。

　しばらく経ってからFairbank-Bannoの*Japanese Studies*の続編を出しましょう，ということになりました。その仕事は何年もかかりました。私は卒業して，ミシガン大学で教え始めてからも作業を続け，1970年代にはミシガン大学の図書館で夜遅くまで仕事をして，ミシガンにないものは学期間の休みにハーバード燕京図書館へ行き，夏には日本の国会図書館に通いました。私はハー

バード燕京図書館の書庫の中に机をもらっておりましたので，その机とまわりの書架を空けてもらった棚に，私の原稿を日本語の原文の載っている本や雑誌に挟んで置いておくと，フェアバンク先生が忙しい仕事の合間に立ち寄って原稿と原文を対照しながら集中して見ておられるのに時々出会いました。冬には先生の赤いマフラーが書庫の入り口から見えるので私は敢えてお邪魔せずに引き返しました。先生は私の書いた原稿をひとつ残さず丁寧に赤ペンで添削してくださったので，私はフェアバンク先生に簡潔な英語の書き方を習ったようなものです。

　原稿がたまって積み上げると40センチくらいの高さになったとき，フェアバンク先生は市古先生にも入っていただいたほうがいい，と言われました。市古先生のお墨付きがないと日本の学者が見たことにならないからです。私は夏休みに帰国するときに原稿をボストンバックに入れて機内に持ち込み，命よりも二番目に大事なものとして何かがあればそれだけ持って逃げるつもりでした。それを東洋文庫に持っていき，市古先生にお見せしましたら，先生はなんとおっしゃったか，先生をよくご存じの方にはご想像いただけると思います。「これは出鱈目だ。こんなのものは出さないほうがいい。」文献目録というものは，あらゆるものを網羅して均一的に全部出さなければ意味がない。これは私が恣意的に選んだものに過ぎない，というわけです。私は1953年以降に，『東洋史研究』，『史学雑誌』，『歴史学研究』，『社会経済史学』をはじめ歴史学の研究誌を1970年代初頭まで，1号残さず目を通し，さらに『史学雑誌』の「回顧と展望」や京都大学人文科学研究所の『東洋学文献類目』に載っている研究も網羅したつもりだったのですが，そんな証拠がない，とうわけです。それでは欠けているものを教えてください，と言いましたら，夏の終わりにアメリカに戻るころになって，先生は四国学院大学の紀要に出ていた論文を2編教えてくださいました。

　フェアバンク先生は，共著で本を出すときには一番多く仕事をした著者の名前を最初に出す，と言われて，私は名も知られぬ学生だったのですが，私の名をトップに，次にご自分の名，それから市古先生のお名前を出されました。

フェアバンク先生としては市古先生のお名前を掲げることが大切だったのです。私も，これを含めて，市古先生の七光りの恩恵をさまざまな形で受けているのだと思います。

私が実際に体験したことをお話させていただき，どうもありがとうございました。

久保 どうもありがとうございました。

今，蒲地先生からお話があったのは，1975年にハーバードのEast Asian Reseach Centerから出ている *Japanese Studies of Modern China since 1953* という本です。今日，皆さまのお手元にお配りした業績のところでも，12ページ（84頁参照）に書いてあります。

たぶん市古先生が，アメリカに二度目に行かれたというのは1965年ではないかと思いますが，今のような一連のさまざまな経緯を経て，10年後にこの本が出たというお話だったと思います。

先ほど本庄さんともお話ししていたのですが，市古先生からフェアバンクに近付いたのではなく，フェアバンクのほうから市古先生に声がかかってきたというのは間違いないということと，では，フェアバンクはどうして市古先生のお名前を知ったのかと言うと，やはり山本先生ご夫妻，あるいは坂野先生，そういう方々とフェアバンクとの付き合いの中で，近代史はどうだ，市古先生だということになったという経緯を先ほどお話になったのですが，別のことでお話ししたいそうですので，どうぞ。

本庄 話というのではなくて，今，蒲地さんのおっしゃったアメリカで出た本について，久保さんが目録をご覧くださいとおっしゃいました。その目録がはっきりしない方が，ここから見ていると何となく分かるので，一言申し上げます。

目録と言いますのは，市古先生の「年譜と業績」にまとめてあります（77頁参照）。何年には何をされたか。そこのところをご覧いただきたいと思います。

市古先生の業績については全てここに，漏れているものがあるかも分かりませんが，なるべく漏れないように頑張ったつもりです。

先ほど，私が最初に話した目録と言いましたのは，市古先生個人のものではなく，近代中国研究室，近代中国研究委員会で作成した目録です（180頁参照）。もちろん市古先生が，そもそもそういうものを作ろうとお考えになって，目録の前書きは市古先生が書いていらっしゃるものが多いのですが，市古先生個人のものではありません。

しかし，大昔のことになっているので，皆さんもお忘れかと思って，目録のかたちに作った次第です。市古先生個人の目録につきましては，「年譜と業績」をご覧ください。

久保 どうもありがとうございました。

今の蒲地先生のお話と浜口先生のお話を二つ組み合わせると，だいたい市古先生の実像が浮かび上がってくるかなという印象をうけました。学生の立場から見た市古先生というところが，立体的に浮かび上がってきたかなと思います。

ＡＦ問題の時に，同時代で経験された方はこの会場ではあまり多くはないと思いますが，その当時，書かれた資料などを読み直してみると，反対する側の主張にしても，フォード財団側の説明にしても，東西冷戦の中での非常に政治的なかたちで学問を問題にしていた時代だったということが浮かび上がってくる感じは，私はしています。

その時代の中でのＡＦ問題を位置付け直すということは，それなりに意味があるのだろうと。その中で実際に育ってきた成果としての近現代中国研究というものの意味を考えることもできるし，また別に，政治的な角度からの議論が多い中で，かなり歴史学的な，冷めた議論と言っていいような郷紳革命論のような話をされていた市古先生の研究というのは，それはそれでまた評価することも必要であると感じております。いろいろな角度からの議論が必要だと思います。

今，蒲地先生からのご発言があったので，アメリカの中国研究に関し，平野

先生から何かお話はありますか。やはり，アメリカでの中国研究の歴史はそんなに新しくないわけです。本当にフェアバンクなどが中国史研究などを，ヨーロッパのシノロジーに比べると全然伝統のないところで，とにかく創り始めたという，そういう中での中国研究。その新しい中国研究に接した市古先生たちの世代と，シノロジーで育ってきた山本先生たちの世代と，少し違うところもあるかもしれませんが，その辺り，1950年代から1960年代のアメリカの中国研究の雰囲気ということも含めてお願いします。

平野健一郎　平野健一郎です。巡り巡って，今は東洋文庫に関係させていただいております。中国近代史研究に関しては，私は，ここに集まっていらっしゃる方々に比べると，外野席にずっと座っていたような人間です。皆様のお話を拝聴し，そういう者でも市古先生の思い出を少し申し上げる機会があればと思って参加させていただいております。

　私は，1963年から1967年までアメリカに留学しました。AF問題が起こった時，先ほどご紹介がありました明治大学でのシンポジウムまでは出席していましたが，その時には既にアメリカ留学が決まっておりましたので，途中で「逃亡」することになりました。

　今日のお話でびっくりしましたのは，市古先生方のプログラムの中に留学生交流が入っていたということです。ひょっとして私はその留学生計画の最初のモルモットだったと思われるかもしれませんが，そうではありません。まったく違うところから奨学金をもらって行きました。そして，蒲地さんと同じくジョン・フェアバンク先生のゼミに入れることになりましたが，市古先生からもフェアバンク先生からも，AFのエの字も言われたことはありませんでした。

　本庄さんが作られた年譜の1965年に市古先生はアメリカへ行っていらっしゃいますが，私が市古先生についていつも思い出すのは，その時にハーバードで市古先生とご一緒する機会があったということです。海外留学しますと，日本にいたらとても巡り会えないような偉い先生と親しくお付き合いする機会が得られるという，すごく得なことがあります。私は，市古先生からもそういう機

会をいただきました。

　ご存じの方も多いかと思いますが，ハーバード・スクエアに「ジョイス・チェン」という中華料理屋があります。そこへ行くと市古先生が座っておられて，「平野君，一緒に食べようよ」と言われて，たとえば「今日，俺は麻婆豆腐なんだ」とおっしゃいます。どういうことかと言いますと，「選ぶのに困るのでメニューの順番に食べているんだ」ということで，その日は麻婆豆腐だったか何かなのですね。私は今，自分のアーカイブのファイルを捨てていますが，その中に「ジョイス・チェン」の広告がありました。1964年2月1日にもらったものですが，そこに"Fried Chinese 何とか"などと出ています。要するに先生は，このメニューの順番に食べておられたということです。とても愉快で，楽しかったですね。

　その後，AF問題については，ああいうことがあったなあという感じで思い出す程度で，ずっと後になって，市古先生にはぜひお話をお伺いしたいと，インタビューをお願いしました。率直に申し上げて，市古先生のお話を聞かなければ，戦後日本の中国研究についてインタビューをする価値はないと思っておりましたので，本庄さんから「ぜひとも」とお願いしていただいたのですが，「俺，そんなの嫌だよ」とおっしゃったそうで，実現しませんでした。その時も「市古先生らしいな」と思いました。

　AF問題について真剣に考えますと，久保さんが先ほどまとめでおっしゃったように，国際的に中国研究を進めようというプログラムであった側面があるのではないかと思います。私は，ある時からそういうことを考えまして，フェアバンク先生を偲ぶ文章に少し書いたことがあります。フェアバンクさんは，ある意味で帝国主義者ですが，学問的な帝国主義者であって，中国を理解するためには，国籍を問わずに協力して中国研究を進めなければならないという考え方で一貫しておられたのではないかと思っています。

　以上でございます。

久保　どうもありがとうございました。

どうぞ。

蒲地 ハーバード・スクエアには，「ジョイス・チェン」以前に，「ヤン・リー」とかいう古い看板の架かった中華料理店がありまして，そこは市古先生が最初にハーバードにいらした時以来ひいきにしておられ，私も何度かご一緒しました。以前と同じメニューだそうでお気に入りの料理の番号も変わっておらず，憶えておられた番号で注文しておられました。お豆腐の料理でした（数年前にその店のあった場所を通りましたらガラス張りの洒落たレストランになっていました）。

　フェアバンクさんはAFについて，直接は何もお話にならなかったということですが，平野さんと一緒に翻訳した『中国回想録』のなかに，AF資金受け入れ反対者について，「彼らも，儒教的道徳観から貰ったものにはかならずお返しをしなければならないと思う日本人で，また，原稿が遅れただけで苦悶のどろ沼に呻吟するような，圧倒的に義理がたい日本人であることを考えると，彼らのいっていることにも合点がいく」(541頁) と書いておられます。

久保 あまりお返ししていないと思いますが。その時代のことでも結構ですし，前にお話しいただいた方のお話に関連してでも結構です。

山田辰雄 私が市古先生の学者としての生き方から大いに学んだことは，政治の風が吹いているときに，その政治に抗することは，やがて政治的学問的意味を持ってくるということです。それはＡＦ問題で市古先生はあれだけ批判にさらされながら資料の重要性を認識しつつ近代中国関係の資料を収集されました。それは今日の東洋文庫の存在を見れば明らかです。また先生は辛亥革命のブルジョア革命論に抗して郷紳革命論を主張されました。それは今日の辛亥革命論の一つの重要な見方となっています。私は学者としての市古先生から学び，時には自分の身に置き換えて考えてきました。

　あと一つ，エピソードがあります。市古先生は偉い先生ですが，結構気短なところがあります。これは，ご存じの方もいらっしゃるでしょう。私は，市古

先生とそれ程たくさん仕事をしていませんが，一番大きな仕事は，霞山会で『近代中国人名辞典』をつくった時に，市古先生もその顧問の一人として参加していただき，いろいろご指導をいただきました。

その時に，実は手元にあったのが，平凡社の『東洋歴史大辞典』や霞山会の『現代中国人名辞典』と，もう一つはボアマン（Howard L. Boorman）の*Biographical Dictionary of Republican China* でした。これらの人名辞典を頭においてわれわれなりに計画を立てました。

市古先生は，どうもその時には『東洋歴史大辞典』のことが頭にあって，「君，そんなに時間をかけていたら，できないよ」と言われました。先生は結構強く言われるものですから，それではやってやろうということで，署名入りで結構叙述的な人名辞典を作りました。それが今から15〜16年前に出した『近代中国人名辞典』です。今から見ると，結構いろいろ不十分な面がありまして，今，修訂版を作っております。私としては，来年ぐらいに出せればいいなと思っています。ですから，これはある意味で，市古先生に反抗して，あのような辞典を作ってしまったというのが，私の思い出の中で残っております。

久保 どうもありがとうございました。ほかはいかがですか。今日この場に参加された方で，伺っておきたいということはありませんか。ある意味で証言をしてくださる方々がいらっしゃる面もあるので，若い世代からも何か。中堅の世代からも少しベテランに対して，確認したいことがあれば伺ってみてもいいと思いますが，質問やご意見はありますか。

内山 あまり私が言わないようにしようと思ったのですが，一つきっかけになれば。

われわれの世代に大きな影響を与えてくれたのは，いろいろな方がいらっしゃるし，私も野澤さんにはだいぶお世話になりましたが，やはり70年安保の世代からすると，里井彦七郎さんの影響が非常にありました。例の「三つのとらえ方」です。今から考えると，あんなセクト的な論文がよく『歴史学研究』

に載ったなという気もしますが。

　その論文の中で市古先生は，波多野善大先生と一緒に帝国主義的うんぬんというレッテルを貼られていますよね。僕もその影響を受けて，市古先生に会うまでは，どんな極悪非道な人かというイメージがあったのです。訳も分からぬまま，アカデミズム批判をしていた世代ですから。

　それが，やはり大きく転換したのは，たまたま一橋を落ち，都立を落ち，それで里井さんに，私立の願書を並べて「どこへ行ったらいいですか」と聞くと，「堀（敏一）君がいるから明治がいいだろう」と。たったそれだけのことで行ったら，堀先生ではなくて神田信夫先生に付くことになって，東洋文庫に行かないで演習に出てくるなと言われて，アカデミズムの本当の恐ろしさというのがやっと分かって。

　それで，僕が東洋文庫に通い出すようになって，近代中国研究事務室で僕らが騒いでいましたら，よく本庄さんにも怒られたのですが，そこで市古先生に会うと，まったく最初のイメージと違って，一見，好々爺，一見ですね。結構，頑固だなという感じはしましたが。

　そうすると，逆に久保田さんに聞きたいのですが，里井さんの呪縛から僕は離れつつありますが，いいんでしょうねと。

　あの当時の学界が，ある面で革命の美化と言うのでしょうか，そこで単純に捉えていた向きがある。ところが，自分もこの20年ぐらい農村調査をやってみると，農民のほうがもっとしたたかで，逆に言えば，共産党を利用している面もあるわけです。

　この10年，山西省へ行っていますが，あそこにある秘密結社，一貫道というのは，多くの村にあって，その後，共産党の組織に移行していくという，個人談話から見るとそういうことが伺えるので，どうも何かわれわれが非常に単純に捉えてきたなと。先ほど「儒教的に」という言葉がありましたが，それ以外に非常に単純だったという気がします。

　この点について，先輩たちはどうお考えですかということもお聞きしたいですね。

久保田 ただ今，内山さんがおっしゃったことに関連して，最初，引き受けた時に内輪話をやろうとしたことの一つを申し上げます。

内山さんは里井さんの論文を見て，市古さんのことを極悪非道くらいのイメージを抱いていたということですが，私たちは先ほど言ったように，最初から市古さんのお世話になって大変評価しておりましたから，もちろんそんなイメージはまったくありませんでした。だから，ＡＦで反対したことが非常につらかったわけです。

1962年7月，明治大学の高い建物で大会をやった時に，私が休み時間にトイレへ入って大きな用事をしておりましたら，そこへ関西弁を話す方がたくさん，小のほうの用事をなさっておられました。そこで，「市古，市古というから，どんな極悪非道，どんなひどいやつかと思ったら，意外に紳士的で冷静だったな」という話をしているんです。

私は実は，これも話したかったのですが，お人柄や教育は浜口さんがお話になったとおりですが，私たちはそれ以前に，安保反対とか，いろいろなデモに行く。教育大とお茶大は距離も近いけれども，デモ隊の列も近く，市古先生がお茶大のデモ隊の先頭に立って，「教職員，後ろにいたかな」と言って，よく話をして，非常に気軽に私たちに話し掛けてくださいました。そういう親切なお人柄も知っております。

それから，明治大学の説明会の時でも，私としても，敵ながらあっぱれという，ものに動じないで，堂々と自分の所信を述べる。説明された中身は，今日私が配った中にも書いてありますが，そういうことで，感心しておりました。

ですから，実はトイレの中にいましたが，私はすぐ飛び出して，関西弁の方々に「日ごろ，そうなんですよ。デモの先頭に立って歩くくらいの人ですよ。がちがちの保守反動でも何でもありませんよ」と説明してあげようと思いましたが，また一瞬，躊躇して，トイレの放言を盗み聞きして，立ち聞きして，それをネタに説明を試みるという，説得ではないけれども，そういうことで断念したという記憶があります。

人柄についても，山田さんですか，短気だったという。私も市古先生は気が短かったと思います。けれども，一番私が性格的に感じるのは，非常にやんちゃな気分を，ずっと最後まで持ち続けておられたなとも感じております。
　内山さんが今おっしゃった里井さんの分類では，市古さんや波多野善大さんは帝国主義派ですが，私の師匠の野澤さんは資本主義派ですから。そして，久保田らは，その子分という位置付けになります。
　当時は，やはりこの雰囲気は，われわれのように，疑問を持ちつつも，心からあちらの雰囲気に同調した人でないと分からないと思いますが，あの時，右派とか資本主義派と言われるのは，当時文革の実態はよく解りませんでしたが，後から解った時，文革期だったら，社会的に死刑宣告に等しいものだったな，と感じました。
　里井さんと非常に親しくもしていましたが，やはりこの方は，ある意味で，ついてはいけないなという感もありました。里井さんの思い出をちょっと言うと，当時の里井さんは，中国農民運動の主導者，彭湃の研究が必要だと，われわれにしきりにおっしゃるわけです。彭湃にいろいろ学ぶべき点があると。どういうことか。彼は農民を組織するために，自ら進んで農民の家へ行き，どぶろくでも何でも強い酒を飲む。農民と打ち解けるためには酒を飲まなければいけない。だから俺もビールを飲むと。われわれの時もビールぐらい飲めと。
　それで私は，ああ，この人は何て真面目な人だろうと思いました。老百姓（ラオバイシン）（中国語で民衆を意味する）が心を開くのは，酒を飲んでからのほうがずっと多いということは，農村育ちの私にとっては常識です。常識中の常識です。それから，研究のために酒を飲む。私などは鶴見さんや先輩に教わって飲んだわけです。中国近代史を勉強するには，お酒が飲めないと駄目だと。左をやるには左党でなければと。
　そういうことでやったのであって，何もそんな使命感でお酒を飲んでいるわけではないのですが，里井さんという方は，お酒を飲むにも，そういう合理化をしなければならないということで，一方で真面目な雰囲気もあったということです。

ＡＦ問題につきましては，私は良かったか悪かったかというようには考えておりません。それは必然的であったと思っています。当時の国際的対立，政治的対立，イデオロギー的対立。市古先生の善意が，この国際的，政治的，外交的，イデオロギー的対立の中に巻き込まれた時に，必然的に生じた現象であります。それぞれ当てが違ったりいろいろして，また修正を余儀なくされた点もありましたが，私としては，当時の間違った判断とか，反省点は本当に多々ありますが，当時の私たちにとっては避けようがない問題であると思っています。

　アメリカ資金を取るか，研究体制の改善を取るか，このように二つ抱き合わせで解決できれば良かったのですが，それはできなかったわけで，やはりアメリカ資金反対のほうに重点を置いたということです。

　ですから，反省点は多々あるわけで，それが今日の発表をお引き受けした原因ですが，私自身は運動に参加したことは良かったと思っております。参加したおかげで，中国研究を取り巻くいろいろな状況，日本の研究体制，各大学それぞれの問題などを通じて，東大系や京大系，その他全国の方々，若い人たちとも，少し上の人たちとも交流ができまして，それでまた，いろいろな問題を考えることができました。

　そして，それまでまったく世間知らずに，自分の頭だけでいろいろ考えて動いてきた私が，そういうるつぼの中で，本当に泣いたりわめいたりしたこともありましたが，そのるつぼの中で，ある意味で私は鍛えられて，やっとこの世界で生き続けることができる力がついたと思っております。

　中見先生の所にも林明徳先生からいろいろいったと思いますが，私が林明徳先生に出したメールには，「私は，大恩がある市古先生に反対せざるを得なかったのは本当につらかったけれども，また当時も市古先生のお気持ちを諒としたのですが，しかし間違いはたくさんあった。たくさんあったけれども，私は後悔しておりません。勉強になりました。我が青春に悔いなしです」と，このように林明徳先生には申し上げたわけでございます。今はそういう気持ちです。

中見立夫　今日のこの会合を企んだのは私であるかのごとく言われていますが，

どういう理由かと言いますと，やはり時代も経って，今日いろいろ私も存じ上げないことを伺いました．記憶されるべきお仕事をした方は，適当な機会に，その活動に関する思い出なり何なりをきちんとまとめておくべきだと思い，たまたま本庄先生にお会いしたとき，「何か市古先生を偲ぶ会でもなさらないんですか」と申しあげた次第です．本当にそれだけのことを市古先生はされている．

今日のお話には出ませんでしたけど，久保田先生が冒頭に言われたように，日本の中国近代史研究のパイオニアという点では，東洋史学のレベルで見ると本当にそうだと思います．戦後，おそらく久保田先生の時代まで，文学部の東洋史が扱うのは基本的に明代史までです．それ以降の時代は，対象としていません．だからと言って日本では近現代中国史研究をやっていなかったわけではなくて，法学部や経済学部，商科大学，あるいは調査機関のようなところでやっておりましたが，文学部の東洋史では，研究対象に近現代は入っていなかったのです．

ところが，市古先生は戦前の東大の東洋史の中で，どうしても近現代史をやりたいと思われ，和田清先生[15]が主任教授であった訳ですが，結局，洪秀全をテーマとするならば構わないというので太平天国を卒論にされて，東大東洋史で近代史に関連することで卒論を書かれた最初の方だというふうに聞いていました．この「伝説」は正しいでしょうか．

本庄 学部の卒論は明末から清ぐらい．それで，大学院の時に近代史の論文をお書きになっていると．

中見 そうですか．ただ文学部の東洋史では近代史研究が全部駄目かというと，そうでもないですね．京大では矢野仁一先生[16]が，まさに近代国際関係史ですからね．だから，東大の東洋史という意味では，市古先生はパイオニアであった訳です．

一つ，私と市古宙三先生ということを言いますと，もちろん私が名乗ったこ

とは一度もありません。というのは，私が大学院に入った1970年ころは，私みたいな内陸アジア史をやっている人間は，中国近代史とは関係ない研究領域でした。

実は19世紀以降のモンゴル史の問題を東アジアの中で考えると言い出したのは，私が初めてなのです。だいたい「モンゴル」は「東アジア」に入っていなかったですから。たまたま1981年に辛亥革命の国際会議がありまして，これは衛藤瀋吉先生[17]のご尽力だと思いますが，「中見さん，あなたはモンゴル代表ですよ」というように言われまして，初めてその時，久保田先生，野澤豊先生，小島淑男先生やいろいろな方ともお会いして，そのうち辛亥革命史研究会に入れていただきました。今では逆に，中国史でもモンゴルだとか中国辺境地域に非常に注目が注がれ，中国史研究のドーナツ化現象といわれる事態が起こっている時代となりましたが。

そういうわけで市古先生は，まったく僕のことなどは歯牙にもかけていないだろうと思っていましたら，それからだいぶしてから，ある時「中見君，中見君」と連呼されまして，ああ，この方は存じてくださっていると思って，大変光栄に思ったのであります。

それから，今の吉田豊子さんみたいな若い研究者ですと，インターネット世代ですから，文献の探し方も違ってきていると思います。

19世紀・20世紀の初めのモンゴル史を，私は歴史のほうで本格的にテーマとした最初の人間です。中国語の文献に関しては，まず矢野仁一先生の『近代蒙古史研究』で，どういう本を彼は使っているか，現物を探し出してくることから始めました。東洋文庫，それから近代中国研究センターは，近代中国と言っても東北地区のものもあるし，モンゴルも集められていまして，多くの現物をみつけることができました。

おそらく，ここに来られている年配の方は皆さん，市古先生および本庄さんのご尽力に感謝されておられるでしょうし，やはり資料の中心というものをつくり上げたというのは，おおきな学問への貢献でしょう。地方の方には本を郵便で貸出していました。それで貸出したというのは大変なことで，今は，それ

こそインターネットで国会図書館の本がダウンロードしたりできますが，この功績を忘れてはいけません。

本庄　郵便ではやっていないです。

久保　郵便は返すときに使ってもいいというものです。

中見　ともあれ，中国近代史の文献収集というものを，東京地域では本格的に東洋文庫が始められた，あるいは，この近代中国研究センターという具体的な，特定のグループに対してではなく，公開の研究拠点を作られたということを改めておもいおこさなくてはいけません。

　ついでに一つ，思い出したことを付け加えます。Sow-Theng Leong（梁肇庭）というハーヴァード大学で平野健一郎先生と同級くらいの方がおられました。日本のＩＣＵで教えた後，オーストラリアに移られまして，メルボルンに私は訪ねていきました。

　そうしたら，「日本人の東洋史学者というのは，私がせっかく学位論文をもとにした初期中ソ関係に関する本を出したので送ったが，返事が来ない」と言うのです。本をもらった時ぐらいは返事をくれと。返事が来たのは，たった二人だと。誰かと言えば，坂野正高，市古宙三両先生だけ。これ以外の方は，みんな，もらったらすぐ，ぽいと捨てているのではないかと。「おまえもちゃんと，人から著書をもらった時ぐらいは礼状を書きなさい」と。その当時，私は20代の最後ぐらいでした。しかしながら，Leong 先生の言葉は，いまだ，ついつい忙しかったりしまして，私はほとんど実行したことがなく馬齢を重ねているというのが現状であります。

　市古先生は，国際学術交流でも研究組織の整備でも，やはり社会の中できちんとお仕事をされていた。そうそう，市古先生は時々，「東洋文庫は研究部はいらん，図書部だけでいい」と言われました。それから面白いのは，これは確かにそうだと思ったことですが，「図書館のスタックの中に机と椅子が置いて

いないのは東洋文庫ぐらいだ」と言われました。そういえばハーバード燕京研究所図書館でもどこでも研究図書館ではありますね。今の新館でもないでしょう。

本庄 書庫の中は基本的にはないです。

中見 確かに，アメリカなんかで勉強しますと，書庫の中で本をみて，座って読むことができます。東洋文庫でも，そういうことが可能ならばいいなと思いますが，市古先生はだいぶ前に看破しておられました。どうも失礼しました。

久保 どうもありがとうございました。端々から市古先生の姿を彷彿させるような雰囲気を，あらためて思い出させるような，そういうお話だったと思います。
　今日，予定していた時間を過ぎて，これで終わりにしようかなと思っていますが，前に座っていた方々，まだあれば，この機会にぜひ。

鶴見 市古先生の個人的な問題ですので，話題にしなかったのですが，御存知の方もいらっしゃる通り，実は榎先生と市古先生は大学の同期なのです。榎先生は，東洋文庫では榎天皇と言われまして，文庫の会議とか『東洋学報』の編集会議となりますと，榎先生が発言されると大多数の人が黙ってしまって，ほとんど発言しない。そういう中で，堂々と発言するのは市古先生だけでした。市古先生は，榎先生に対して真正面から否定する。
　どういうことが根底にあったかと言いますと，榎先生は，白鳥庫吉先生[18]と和田清先生の流儀を何とか守ろうという気持ちが非常に強い。それに対して市古先生は，「榎は保守的だ」と。市古先生にはもう少し改革をしようという気持がありましたので，榎先生のやり方に対して，正面から反対するのは市古先生に決まっていました。反対されても榎先生は頑として引き下がらない。市古先生は頃合いを見ながら，「ちょっと俺，言い過ぎたかな」と言って引き下

がったりということが多かったように思います。

　実は，よそ者からしますと，東京大学の本郷の出身者は，非常に意志強固であると言えばそのとおりですが，戦後の民主化の影響を受けた若者からすると，かたくなな人が多いなと。そういう中で市古先生は，民主的な会の進め方に改革しようとなさった方ということが，印象にあります。

　当時の東洋文庫は研究員の数が少なかったせいもありまして，研究室に助手がいても，それぞれの部屋が孤立していて殆ど交流がない。ですから，東洋文庫にいても隣の部屋の人とは殆ど話ができない。みんな怖い怖いといって，部屋に籠ってしまう。

　その後何とかもう少し東洋文庫全体をオープンにして，協力し合って，いろいろなことをやろうではないかということになって，冠婚葬祭の機能しか果さなかった親睦会にレクリエーションを取り入れようとしたわけです。バレーコートをつくってバレーボールをやったり，卓球をやったり，運動会もずいぶんやりました。運動会はなかなか好評で，アルバイトの人や用務員の小母さんまで参加してくれました。ある時綱引きをやろうということになり，なかなかいい綱がないものですから，コート整地用のコンクリート製の車を引っぱる太いマニラ麻のロープを使ってやろうということになりました。

　女性が主だから大したことはないだろうと思っていたのですが，一斉に引き始めると間もなく途中で綿や麻のロープが切れ，双方30人余りが一斉に尻餅をつくという事件が起きました。

　こういうときには市古先生も一緒に必ず参加してくださいました。市古先生も一生懸命に綱を引っ張っていましたから一緒に尻餅をついて，笑いながら，もう一度，縛り直してやろうではないかと。縛り直してやったら，また切れる。市古先生は，「東洋文庫の女性は本当に強いんだな」と言っておられました。

　いずれにしましても，東洋文庫の中で少しでも明るく，みんなで協力しようという雰囲気づくりのときには率先して盛り上げて下さる先生でした。ですから，先ほど，何か帝国主義的でといった話もありましたが，そういう方ではなく，非常にみんなのことを察知して，弱い人や恵まれない人，例えば東洋文庫

でも夜間中学に通っている人や家庭的に恵まれない人に対しては何とか助けてやろうという気持ちがいつもあった方でした。われわれも非常に市古先生の温かいお気持ちに感謝していました。

　市古先生は，アジア・フォードの問題が起きた時にも，当然起こるべくして起こったと思っておられました。若い人たちが相当きついことを言ったことについても，不満を漏らされることはありませんでした。時期が時期だから，いずれ俺のやったことは必ず評価してくれる人が出ると言われていました。

　実は『中国近代のリベラリズム』という，近代史の方が書かれた本ですが。

本庄　水羽信男さんの『中国近代のリベラリズム』という本です。

鶴見　その中に，自分は広島の出身で，広島でお山の大将になっていたと。その後「本書で使用した資料のうち，最も昔に入手したものは，大学院生時代から機会を見つけては東京へ出掛け，東洋文庫や東洋文化研究所などで集めたコピーの中にあった。最後の校正作業で，ずいぶん変色した資料と再会することになったが，あらためて読み返してみて，新たに発見する問題もあった。こうした貴重な資料が国内に所蔵され，公開されているということは，日本における中国研究の水準の高さを示すものであろう」と後書きし，近代史の分野でこのような資料を集めたことに対して，感謝の気持ちを記されております。

　これは市古先生が，アジア・フォード問題が起きた時に彼らは今は反対しているけれども，いずれ必ず分かってくれるんだと。そういう人のためにも，どうしても自分はこの仕事をやらなければいけないんだとおっしゃっていましたが，それが既にこういうかたちで，はっきり出てきておりますから，市古先生の思いが実現しつつあると言って良いと思います。

　最近理系の科学者の信頼を失望せしめるような事件が頻発しております。その点，アジア・フォードの問題提起は，少なくとも投資研究に対しては一定の礼儀を欠いたり，冷静に判断しなくてはいけないという契機を与えてくれたものだと思っております。歴史研究者にとっては，あれはあれとして大事なこと

ではなかったかと私は思っております。

久保 ほとんどまとめの発言をしてくださったと思います。さまざまな角度からいろいろなお話を聞かせていただいて、ありがとうございました。

今日の集まりについては、何らかのかたちで、たぶん記録に残すということになると思いますし、市古先生を偲ぶということを通じて、戦後の日本の近代中国研究の歩みを振り返るという機会にすることができたかなと思っております。

貴重な機会にご協力いただき、報告者の皆さん、ご参加してくださった皆さん、どうもありがとうございました

今日はこれで終わりにしていきたいと思います。

（終了）

注

1) 東京教育大学 p.7

1949年、東京高等師範学校・東京文理科大学・東京農業教育専門学校・東京体育専門学校の四校を基礎に文・理・教育・体育・農の5学部からなる総合大学として設立。1978年閉学。

2) 野澤豊 p.7

(1922-2010) 東京文理科大学卒。東京教育大学助手、東京都立大学教授などを歴任。著書に『孫文と中国革命』岩波新書, 1966, 編書に『中国国民革命史の研究』青木書店, 1974, 共編書に野澤豊, 田中正俊編『講座中国近現代史』全7巻, 東京大学出版会, 1978など。

3) 田中正俊 p.7

(1922-2002) 東京大学卒。横浜市立大学教授, 東京大学教授, 東洋文庫理事などを歴任。著書に『中国近代経済史研究序説』東京大学出版会, 1973, 共編書に坂野正高, 田中正俊, 衛藤瀋吉編『近代中国研究入門』東京大学出版会, 1974など。

4) 佐伯富 p.10

(1910-2006) 京都帝国大学卒。京都大学教授を務めた。著書に『清代塩政の研究』東洋史研究会, 1956,『資治通鑑索引』東洋史研究会, 1961,『宋史職官志索引』東洋史研究会, 1963など。

5) 余英時 p.17

Yu Ying-shih (1930-) 香港の新亜書院卒。ハーバード大学でPhDを取得。新亜書院教授, イェール大学教授, プリンストン大学教授などを歴任。著書に『中国近世宗教倫理与商人精神』聯經出版事業公司, 1987 (『中国近世の宗教倫理と商人精神』平凡社, 1991) など。

6) 坂野正高 p.17

(1916-1985) 東京帝国大学卒。東京大学教授, 国際基督教大学教授などを歴任。著書に『近代中国外交史研究』岩波書店, 1970,『近代中国政治外交史——ヴァスコ・ダ・ガマから五四運動まで』東京大学出版会, 1973など。

7) J. K. フェアバンク p.17

John King Fairbank (1907-1991) ハーバード大学, オックスフォード大学卒, 第二次世界大戦中, OSS勤務。戦後, ハーバード大学教授を務めた。著書に *The United States and China*. Harvard University Press, 1948, *Trade and Diplomacy on the China Coast: The Opening of the Treaty Ports, 1842-1854*, Harvard University Press, 1953 など。

8) 山本達郎 p.17

(1910-2001) 東京帝国大学卒。東京大学教授, 東洋文庫理事などを歴任。編書に『岩波小辞典世界史.東洋』岩波書店, 1958, 山本達郎編『東南アジアの宗教と政治』日本国際問題研究所, 1969, 共編書に山本達郎, 秀村欣二, 井上靖編『世界の歴史』全12巻, 集英社, 1968-69など。

9) J. C. ペルゼル p.18

John Campbell Pelzel (1914-1999) シカゴ大学卒。文化人類学者。1948-49年

にGHQ民間情報局(CIE)世論社会調査課長として日本で勤務。

10) E. ライシャワー p.18
Edwin Oldfather Reischauer (1910-1990) ハーバード大学卒。ハーバード大学教授、駐日アメリカ大使などを歴任。著書に *Japan: past and present*, Alfred A. Knopf, 1946 (『日本:過去と現在』時事通信社, 1967), *Ennin's Travels in T'ang China*, Ronald Press Company, 1955 (『世界史上の円仁——唐代中国への旅』実業之日本社, 1963) など。

11) J. R. レベンソン p.20
Joseph Richmond Levenson (1920-1969) ハーバード大学卒、カリフォルニア大学教授を務めた。著書に *Liang Ch'i-ch'ao and the Mind of Modern China*, Harvard University Press, 1953。

12) M. ライト p.20
Mary Wright (1917-1970) ラドクリフ大学卒。イェール大学教授。著書に *China in Revolution: The First Phase, 1900-1913*, Yale University Press, 1968。

13) 榎一雄 p.36
(1913-89) 東京帝国大学卒。東京大学教授、東洋文庫専務理事、同理事長などを歴任。著書に『邪馬台国』至文堂, 1960、『東洋文庫の六十年』東洋文庫, 1977など。

14) 星斌夫 p.36
(1912-89) 山形大学教授。著書に『明代漕運の研究』日本学術振興会, 1963、『中国社会経済史語彙』近代中国研究センター, 1966など。

15) 和田清 p.54
(1890-1963) 東京帝国大学教授、日本大学教授、東洋文庫理事、同専務理事などを歴任。著書に『東亜史論藪』生活社, 1942、『中国史概説』岩波全書, 1950-51、編書に『明史食貨志訳註』東洋文庫, 1957など。

16) 矢野仁一　p.54

（1872-1970）東京帝国大学卒，京都帝国大学教授。著書に『近世支那外交史』弘文堂書房，1930，『現代支那概論 動く支那』目黒書店，1936など。

17) 衛藤瀋吉　p.55

（1923-2007）東京大学卒。東京大学教授，亜細亜大学学長などを歴任。著書に『近代中国政治史研究』東京大学出版会，1968，『東アジア政治史研究』東京大学出版会，1968など。

18) 白鳥庫吉　p.57

（1865-1942）東京帝国大学教授，東洋文庫理事などを歴任。著書に『西域史研究』岩波書店，1941-44，『音訳蒙文 元朝秘史』東洋文庫，1942など。

（報告レジュメ）

戦後中国近代史研究と東洋文庫

久保田 文次

I 当時の状況
1 弱かった中国近代史研究の位置。「アヘン戦争以後は歴史ではない」
2 史料史籍の蒐集が不充分，公開・利用が不便，不親切
　　例：東大東洋文化研究所（部外者への貸出は本来の業務ではない）
3 蔵書が「四部」，古典，制度史が中心

II 市古先生の業績
1 研究自体は実証的，多分野，通史的に。価値中立的で史論，評価には禁欲的。しかし，「郷紳革命論」の仮説を提出，太平天国等の限界を指摘，洋務運動の進歩性を評価
2 多数の近代史史籍，史料を蒐集
3 古典，制度史以外の調査視察報告書，旅行記，小冊子，地図，新聞雑誌等々や他の「俗書」（以前なら雑本の類）を多数蒐集 → 制度史政治史財政史税制史思想学術史の伝統的分野以外にも，外交史軍事史経済史社会史文化史精神史分野の研究展開への基礎
4 各種目録の作成刊行
5 館外貸出

III 市古先生自身の説明
1 「近代中国研究と私」
「近代中国研究室がこのように本を集めて誰でもが自由に利用できるようにしたことは，いわゆる"研究成果"なるものよりもはるかに立派な，い

つまでも誰にでも役に立つ研究成果だと私は自負している」（市古教授退官記念論叢編集委員会編『論集近代中国研究』山川出版社　1981年　p.623）

2　AF導入意図説明の際の発言

「日本では規模の大きい大学と小さい大学との間で研究費の格差はあまりにも大きく，小さい大学がみじめであり，また古代史・中世史研究に対する研究費と近代史研究へのそれとの格差が大きいという状況のなかで援助の受け入れを考えた。事業の内容としては，資料の蒐集と研究成果の公開，研究の重点は一九一一～四九年とし，現状分析は行わない，参考図書室の設置と各種目録類の編集，スカラ・シップの支給などである」（本庄比佐子「講演　近代中国研究と東洋文庫」（平野健一郎・土田哲夫・村田雄二郎・石之瑜編『インタビュー　戦後日本の中国研究』平凡社　2011年　p.236より借用））

3　教育大院生のAF問題への対応

    a. 中国敵視の米資金による研究の組織化には反対

    b. 研究体制改革を提唱 → この面では，市古先生の努力・方向は評価

参考　市原麻衣子「アジア財団を通した日米特殊関係の形成？　日本の現代中国研究に対するＣＩＡソフトパワー行使」（『法政論集』2015年）

(報告レジュメ)

市古宙三先生と近代中国研究——中央大学との関わり

土田哲夫

はじめに
私が話す意味は

平野健一郎,土田,村田雄二郎,石之瑜編『インタビュー 戦後日本の中国研究』平凡社,2011

1．市古先生（1913—2014）の位置
①近代中国研究の開拓者　→　書物を通して仰ぎ見る存在

『世界の歴史 20 中国の近代』河出書房新社,1974

『近代中国の政治と社会』東京大学出版会,1971（研究文献の探し方あり）

②近代中国研究のインフラ整備　→　受益者（参照・文献利用）
　＊研究案内,蔵書目録,雑誌内容目録,資料解題執筆・作成

「研究のための工具類」（坂野,田中,衛藤編『近代中国研究入門』東京大学出版会,1974)

『中国研究文献案内』（J. K. フェアバンクと共著）東京大学出版会,1974
　＊東洋文庫近代中国研究室

文献収集・オープンな利用システム・工具書　貸出制度

③東洋史教育者「名師出高徒」　→　間接的恩恵

お茶の水女子大学（1951-79 教授,学長),中央大学

2. 中央大学時代の市古先生

- ●時期区分

    第1期（1946－51.3）

    　1946予科教授，1949教授（一般教養），1951退職

    　（お茶大へ）

    第2期（1979.4－84.3）

    　1979文学部教授（史学科東洋史専攻），1984.3退職

    　（定年）

「大学院は出たけれども就職口はない。（鈴木俊氏に呼ばれて文部省で『東亜史概説』編纂，ついで東亜研究所第四部）……終戦，そして東亜研究所は解散。しかし幸いなことに，長いあいだ路頭にさまようこともなく，戦前から講師をしていた中央大学の予科に拾われて，専任の教授となり，これでやっと生活を安定させることができた。同時に，私の生涯歩む道も自ら定められた。」（「近代中国研究と私」市古教授退官記念論叢編集委員会編『論集 近代中国研究』山川出版社，1981，615頁）

- ●中大とのつながり

    鈴木俊（1904－75　1929東帝大東洋史卒，1953－75中大文）

    中村治兵衛（1916－91　1938卒，39東亜研，1974－86中大文）

    江副敏生（1912－　　1937東大卒，東亜研，19？－83中大商）

第1期の教育業績：一般教養

　＊通信教育　中央大学通信教育部教材執筆＋スクーリング

　　『東洋史』(一)　1950.11.30．70p.

　　『東洋史』(二)　1951.2.10．155p.

　　『東洋史』1950.12.30初版，1967.4.20　8版　155p.（～1969 11版）

　　『歴史一部（東洋史）学習指導書』1950.12.30初版　1967.4.20　8版　16p.

- ●『東洋史』構成
  第一章　シナ文化の起源　～　第十六章　清代後期　第十七章　中華民国
  【報告課題（1950－51）】
  （一）第一問　シナにおける均田制度について述べよ。
  　　　第二問　唐代に至るまでの儒教・仏教及び道教の発展について述べよ。
  （二）第一問　宋以後における皇帝独裁権力の発達について述べよ。
  　　　第二問　シナ文化の西洋に及ぼした影響について記せ。

- ●「受講学生に与える言葉」
  先ず健康，「健康であれ」こそ私が諸君に与える第一の言葉である。他にも諸君に望むことはあるが，いまはただもう一つ，「通信教育の長所をいかし，短所を補え」という普通のことを強調したい。通信教育の長所や短所はもう諸君のよく知っておることであろうが，特に私がその欠点と思う点は次の二つである。第一に教授の人間に接する機会の乏しいことである。正直の所をいって，私が学校でどんなことを教わって来たのかは忘れてしまったことが多い。しかし人間としての先生はまだありありと私の頭に浮んでくる。人間味の深かった先生ほどその印象は深い。これら恩師の人格によって私の人格も培われてきたわけである。ところが諸君はこの機会に恵まれていないのである。第二に学友を得る機会の乏しいことである。学校時代の友達はよいものだ。バカ話ができるのも，まじめに相談相手になってくれるのも学友に如くはない。そしてこの点でも諸君は恵まれていないのである。／この二つの欠点を補うためにスクーリングがあるわけであるが，これには諸君に時間的・経済的な困難があろう。しかしこの困難を何とか克服しなければ通信教育の教育たる意義はなくなってしまう。短期間でも教授に面接し，起居を共にして友達を得れば，その収穫は絶大であろう。一度び面接すれば，あとは文通でも結構，教授と面接し友と共に

語るに等しい効果はあげうると思う(『東洋史』(一) 1950)。

- 学習指導書の充実:研究案内的香りも

第2期の教育業績:専門教育

(1983年度の例)
- 文学部:中国近代史(講義),基礎演習ⅢA「孫文自伝」,東洋史演習Ⅲ「賊情彙纂」
- 大学院:中国近代史特殊研究(特講),中国近代史(演習)
- 林恩顕(政治大学辺政研究所),北田定男,塚瀬 進 各氏など

『中央大学アジア史研究』第8号 1984.4.15(市古宙三教授古稀記念)

戦後中国近代史研究における東洋文庫と中央研究院近代史研究所の果たした役割について
―市古宙三先生のお仕事を偲ぶ―

林　明　徳

　日本における近代中国史研究の先駆者の一人であった市古宙三先生が101歳の誕生日を迎えて間もなく逝去された。先生のご冥福をお祈り申し上げるとともに、長年東洋文庫でお世話になったご厚誼、各方面で多大な恩恵を受けた一人の学究としてこの場において先生の仕事を偲びながら戦後日本の近代中国研究における東洋文庫及び中央研究院近代史研究所（以下近代史研究所と略称）創立をめぐる中国近代史研究の果たした役割をふり返ることにした。

　私は20年前（1986年）中央研究院近代史研究所発刊の『近代中国史研究通訊』第２期（中国近代史研究家シリーズ）において市古先生の研究業績と著作目録等を採録した。もちろんそれは部分的なもので、先生の生い立ち、研究業績等については皆さんが私よりもっと詳しいのでここでは東洋文庫のＡＦ問題と近代史研究所の所謂「外交檔案盗賣事件」両者についてその発生の原因、関連性、結果等について述べることにする。

　戦後日本の近代中国研究は貧弱で、疎かだった。確かに市古先生は日本の中国近代史〈近代中国史〉研究の先駆者にふさわしい存在だったが、私が1960年代に日本留学した時、東洋史学界では山本達郎、江上波夫等錚々たる先生達がいた。当時先輩から聞いた話に依ると、山本先生等は近代史を学術研究の分野（領域）と認めなかったそうである。東大大学院において中国近代史コース担当の先生はその年に東大に移籍された田中正俊先生以外、正式なメンバーは別にいなかったと記憶している。中国近代史の授業は佐伯有一先生が担当されていたが、彼は東洋文化研究所所属だった。こんな時に市古先生が御自分の研究

と並行して身を投じて東洋文庫近代中国研究室を創設し、後半生を捧げ、多大なる貢献を成された事は特記すべきであり、此方で表敬すべきだと思う。特にわれわれ若い学徒にとって近代中国研究室蔵書の貸し出し許可制は「特典」であり、今でも身に余る感謝で一杯である（その他の東洋文庫所属の本はすべて貸し出し禁止である）。

　終戦後東洋文庫はその財政難を乗り切るため、国内外に援助を求め、アメリカの幾つかの財団がその対象となった。1950年代、東洋文庫はLockfeller財団の提出する中国近代史に関する研究計画に合意し、1953年、近代中国研究委員会（委員長和田清）を設置し、翌54年秋正式に発足した。市古先生は、同委員会の事実上の主宰者となり、以後半世紀近く続いた。さらにアメリカのFord FoundationとAsia Foundationの資金援助を受け、集団研究計画を推進すると同時に、中国近代史料の充実等に尽力した。1980年9月までには総数3万3,900餘種に上った、其中中文15,637種、日文11,363種、洋書6,590種、Microfilm 986種、相当な量になった。

　しかし「安保闘争」（1960年）後まもなくして、日本学界から反対運動が起こった。中国研究者の間から市古宙三教授主宰の計画は「中国を敵視するアメリカFoundationから資金を受け、アメリカ帝国主義の中国侵略加担、中国を敵視するアメリカに「政策立案の基礎的データを提供」する政治的性格があるとして、反対運動が起こった（ＡＦ問題）。

　先生は孤軍でこの反対運動に対処されたが、最終的にはアメリカFoundationの資金援助を放棄し、改めて三菱基金会、文部省に助成金申請をなされ近代中国研究委員会蔵書の充実を図る事になった。その後も蔵書の拡充、目録類等参考文献の充実を図る等、東洋文庫は近代中国を研究する人にとって欠かせない研究図書館になった。

　台湾では、近代史研究所は創立早々から経費問題が深刻であった。特に歴史研究所所長李濟等の猛烈な反對は決定的だった[1]。幸い新任中央研究院院長朱家驊の強い支持によって「籌備処」として成立した。幾多の難関に遭い、挫折寸前であったが初代所長郭廷以先生の企画によって国外を目当てに

ハーバード大学，コロンビア大学等との合作を企画し，更に一歩進んでFord Foundationから前後2期総額40数万ドルの補助を得るにいたった。これは近代史研究所の基礎作りとその後の発展に多大な助力となった。

しかし，間もなくして台湾にも東洋文庫版ＡＦ問題の紛争が起こり，歴史学界に大きな波紋を巻き起こした。

紛争の起因はアメリカ財団の助成金の分け前にある。簡単に言えば，Ford Foundationの資金助成をめぐって少数の学究がその分配権を争っていた。その理由は，「これは中央研究院全体か，或いは台湾歴史学界全部に属すべきで，近代史研究所だけの独占に帰することは出来ない」ということであった。中央研究院院長胡適は姚従吾（台大教授）等に振り回され，一時は動揺したが，幸いその企図には同調しなかった。

すると今度は黎東方（文化大学教授）が新聞に投稿，郭廷以先生をアメリカ帝国主義の手先と決め付け，費正清（J. K. Fairbank）の「同路人」[2] だと人身攻撃に転じ，更に郭所長が国家の機密文書（外交部から移転収蔵の清末民初の檔案）を売却したと非難した。これは相当厳重な控訴である。

恰もこの時期において，市古先生が台湾を訪問，日本のアメリカ財団資金受け入れ体制と今後の計画について談話を発表。東洋文庫近代中国研究委員会はこの計画の下で1919－1948年の中国内部発展の歴史について全力研究する。日本各大学教授11－12人が近い将来台湾に来て，3個月乃至半年の滞在で国共党争に関する各種原始史料を収集し，5年後には其の成果を世人に「緊要知識」として提供するプランを発表した。

日本に先手をとられたと見た台湾の立法院（国会）はこの問題の責任者郭所長に質疑を浴びせた。

日本でのＡＦ問題では，東洋文庫が研究のためとはいえ，敵対国間の政策に利用されることを潔しとしないという大義名分を掲げているが，一旦東洋文庫（市古先生）がこれを放棄した後，この事件も無事落着した。しかし台湾では簡単に収まらない。

台湾学界におけるアメリカ財団助成をめぐる紛争は，初めから個人的な利益

の争いに明け暮れ，さらには人身攻撃に変じ，実に潔しとはいえない。日本での処遇と違って最終的には主宰者の郭廷以先生もアメリカへの「講学」[3]を余儀なくされ，終には放逐の形で「客死異郷」の悲劇となった。恰も白色テロの時期，険しい世相の中，政界にも人脈を有する郭廷以先生でさえもこの遭遇，実に嘆かわしいことである。

　最後に両先生の史観について簡単に述べたいと思う，率直に言えば，私はこれを論評する能力も資格もないが，参考として郭先生の例を取って述べる事にした。

　市古先生の中国共産党史研究の範疇から推して見るとその〈深度〉と〈広度〉ともに史料紹介の枠組みから抜け出していないといわれている。これ等の論文からはどれほど厳密な史料批判による実証的研究を重視していたかを読み取る事ができる。

　先生が学んだのは実証主義歴史研究法であり，多数の論文は豊富な史料に基づいて書かれたものである。しかし引証には理論的な推理等に欠けているとの指摘もあったが，これは後述する郭廷以先生の歴史研究の基本的アプローチと似通っている所があると思われる。

　史観については色んな見方があるが，実はこれはわれわれ所謂「南港学派」[4]の弱みであったと思われる。ドイツの歴史学家ランケ（Leopold von Ranke）[5]は，歴史学は理性を持って歴史を分析する歴史的思考法を軸に，歴史家は只如実に歴史を呈現すべきであり，史料の絶対重要性を強調。端的に言えば，史料自身が「話す」ことが出来て，凡ての歴史の事実を解釈できるという。そのため，資料を完全にあらわさせることは歴史学家の職責である。従って，われわれは彼らの為に「話す」必要はないし，別に多く解釈する必要もない。氏の史料批判の方法は，実践面では一部からは時代遅れで信用できないと批判されているが，郭廷以先生はこの実証主義方法論には賛同している。このため彼は史観式の著作を書くことには賛成しないが，年譜を書くことを奨励する。例えば早期に書いた郭嵩燾年譜等は，史料学派の規則戒律を遵守したもので，軽々に主観的な詮釈（interpretation）をしない。虚偽的，架空的，天馬行空式の史観にはあくま

でも反対，もちろん唯物史観には終始反対論を唱えている。よって郭先生は史学研究の領域では，保守的自由主義者と評価すべきだと思われる。

　その後長期にアメリカのコロンビア大学，ハーバード大学等名門校での研究と訪問によって彼の歴史観に変化が起こり，史実の分析と解釈の背後にもその含蓄する歴史的意義があると感じるに至った，更に歴史観を構築することも必要だという見方に変ったと言われている。

注
1) 彼らは考古学に基いて，研究対象は少なくても三千年乃至五千年の歴史が必要であるとし，必然真理の追求にあたる，真理は最終的には「定論」(定説)を下すべきだが，近代史の時空は距離的に近すぎるし，客観性に乏しく，一つの学術研究の対象になるのは無理だと。まして現代史はもっと不可能である。この定説は先ほど述べた日本東洋史学界での近代史研究不可能説とほぼ一致している。
2) 同路人とは革命に同情するが，革命組織には参加しない人。シンパ，同調者，共鳴者，特に革命運動等で党派，組織には加わらず，外部からその運動を心情的，物質的に支持援助する人，即ち sympathizer でもある。
3) 外国の大学で教鞭をとる事。
4) 王爾敏によれば，南港学派とは中央研究院近代史研究所の歴史学者を指す。彼らの特徴は歴史の重大論題を取り扱い，主な論著は歴史の通識（common sense）を表明しているが，考証を目的とする著作は少ない。アプローチの方法として，充分解釈分析を運用し，客観的推論と判断の表現等科学的精神に依拠するべきである。
5) 19世紀ドイツの指導的歴史家。実証主義に基づき，史料批判による科学的な歴史学を確立した。

附　録

市古宙三 先生 年譜・業績

(『論集　近代中国研究』に掲載されたものの補正。記事末尾に＃のある論文は『近代中国の政治と社会』に収録されている)

1913年　市古由太郎・なつの三男として山梨県甲府市深町に誕生 (6.19)。
1920年　甲府市錦町尋常小学校に入学，一学期を経て和歌山県日御坊町尋常小学校に転校。
1925年　東京府豊島区立池袋第五尋常小学校に転校。
1926年　池袋第五尋常小学校卒業。
1931年　東京府立第六中学校 (新宿高校の前身) 卒業。
1934年　浦和高等学校 (埼玉大学の前身) 文科甲類卒業。
1937年　東京帝国大学文学部東洋史学科卒業，同大学院に入学。京城に留学。
1939年　和田清教授に随伴して中国へ出張。北京・南京・張家口など10箇所で図書館の調査。

* 「池内教授の退官」(『史学雑誌』50編6号)
* 「和田教授の支那旅行談」(『史学雑誌』50編12号)
* 〈書評・紹介〉「『東亜論叢』の発刊と『蒙古』改題」,「志田不動麿「南北朝時代に於ける勅勒の活動」」(以上,『史学雑誌』50編6号)
* 〈書評・紹介〉「青山定雄「李朝に於ける二・三の朝鮮全図について」」,「山本達郎「安南の貿易港雲屯」」(以上,『史学雑誌』50編7号)
* 〈書評・紹介〉「増田忠雄「満洲東部国境の諸問題」」(『史学雑誌』50編8号)
* 〈書評・紹介〉「小林太市郎『支那思想とフランス』」,「塚本善隆「北魏建国時代の仏教政策と河北の仏教」」(以上,『史学雑誌』50編9号)
* 〈書評・紹介〉「東亜考古学会「東京城」」,「仁井田陞「六朝及び唐初の身分的内婚制」」(以上,『史学雑誌』50編11号)
* 〈書評・紹介〉「市村瓉次郎『支那史研究』」,「三国谷宏「琉球帰属に関す

るグラントの調停」」(以上,『史学雑誌』50編12号)

1940年
* 「支那に於ける文献の現存状態」(『東亜論叢』2輯, 榎一雄と共著)
* 「稲葉岩吉博士の逝去」(『史学雑誌』51編8号)
* 〈書評・紹介〉「園田一亀『韃靼漂流記の研究』」,「『東亜学』第1輯」,「周藤吉之「高麗朝より朝鮮初期に至る王室財政」」(以上,『史学雑誌』51編1号)
* 〈書評・紹介〉「市村瓚次郎『東洋史統』巻一」,「加藤繁「支那に於ける主要産業の発達について」」(以上,『史学雑誌』51編2号)
* 〈書評・紹介〉「藤岡勝二訳「満文老檔」」,「矢野仁一「ロシアの朝鮮進出と日清戦争の意義」」(以上,『史学雑誌』51編3号)
* 〈書評・紹介〉「『青丘学叢』の終刊」,「和田清編『支那地方自治発達史』」,「外山軍治「金熙宗皇統年間に於ける宋との媾和」」(以上,『史学雑誌』51編4号)
* 〈書評・紹介〉「岸辺成雄「唐の俗楽二十八調の成立年代に就いて」」(『史学雑誌』51編5号)
* 〈書評・紹介〉「『池内博士還暦記念東洋史論叢』」(『史学雑誌』51編6号)
* 〈書評・紹介〉「岩生成一『南洋日本町の研究』」(『史学雑誌』51編7号)
* 〈書評・紹介〉「『東洋文庫朝鮮本分類目録』」,「「前綏遠墾務巻宗目録表」」(以上,『史学雑誌』51編8号)
* 〈書評・紹介〉「『蒙古学報』の発刊」(『史学雑誌』51編9号)
* 〈書評・紹介〉「「建州紀程図記」・「興京二道河子旧老城」」,「京城大学大陸文化研究会『大陸文化研究』」,「村上正二「元朝に於ける投下の意義」」(以上,『史学雑誌』51編10号)
* 〈書評・紹介〉「胡鈞重編『張文襄公年譜』六巻」(『史学雑誌』51編11号)

1941年
* 『近代日本の大陸発展』 蛍雪書院
* 「清朝の動揺」(『世界歴史』第7巻 河出書房)

* 〈書評・紹介〉「于式玉・劉選民編『一百七十五種日本期刊中東方学論文篇目・附引得』」,「矢沢利彦「嘉慶十六年の天主教禁圧」」(以上,『史学雑誌』52編1号)
* 〈書評・紹介〉「『六部成語註解』」,「橋川時雄編『中国文化界人物総鑑』」(以上,『史学雑誌』52編2号)
* 〈書評・紹介〉「池内宏「高句麗王家の上世の世系について」」,「周藤吉之「高麗朝より朝鮮初期に至る田制の改革」」(以上,『史学雑誌』52編3号)
* 〈書評・紹介〉「市村瓚次郎『東洋史統』巻二」(『史学雑誌』52編4号)
* 〈書評・紹介〉「箭内亘編・和田清補『東洋読史地図』」,「呉盛徳・陳増輝合編『教案史料編目』」(以上,『史学雑誌』52編5号)
* 〈書評・紹介〉「東亜研究所第三部『支那近代百年表草稿』」(『史学雑誌』52編6号)

1942年　東京帝国大学大学院修了。
* 「光緒実録について」(史学会第43回大会における発表,要旨:『史学雑誌』53編7号)

1943年　文部省『東亜史概説』編纂嘱託。山本強哉・かくの長女和子と結婚。

1944年　東亜研究所所員(第四部)。

1946年　中央大学予科教授。

1948年
* 「義和拳雑考」(『東亜論叢』第6輯) #
* 「義和拳の性格」(学術研究会議現代中国研究特別委員会編『近代中国研究』　好学社) #

1949年　中央大学教授(一般教養)。
* 「譚嗣同:中国近代史上の人」(『火鞭』2)

1950年
* 「太平天国詔書の改正について」(『東洋学報』33巻2号) #

1951年　お茶の水女子大学助教授(文教育学部)。
* 「梁啓超の変法運動」(『国史学』54) #

附　録

* 「保教と変法」(仁井田陞編『近代中国の社会と経済』　刀江書院) #
* 「太平天国の賛美詩」(『和田博士還暦記念東洋史論叢』　講談社) #
* 「中国における太平天国史の研究」(『史学雑誌』60編10号) #
* 〈書評〉「市村瓚次郎『東洋史統』巻四」(『史学雑誌』60編1号)
* 「〈アジアの変革：批判と反省〉江口朴郎氏"義和団事件について"」(『歴史学研究』153)
* 「〈天朝田畝制度〉の成立年代について」(東洋文庫談話会)

1952年
* 「朱九濤考」(『東方学』3輯) #
* 「拝上考：太平天国制度管見」(『お茶の水女子大学人文科学紀要』1) #
* 「幕末日本人の太平天国に関する知識」(開国百年記念文化事業会編『明治文化史論集：開国百年記念』　乾元社) #
* 「〈1951年の歴史学界：回顧と展望―東洋史〉清末・民国」(『史学雑誌』61編5号)

1953年
* 「〈1952年の歴史学界：回顧と展望―東洋史〉清末・民国」(『史学雑誌』62編5号)
* 「東洋史研究の跡をたずねて」(座談筆記　『歴史評論』50号)

1954年　東洋文庫近代中国研究委員会発足し，運営委員に就任。
* 「袁世凱（教授資料）」(『歴史教育』2巻1号) #
* 「林則徐」(『世界史講座』第4巻　東洋経済新報社)
* 「〈1953年の歴史学界：回顧と展望―東洋史〉清末・民国」(『史学雑誌』63編5号)
* 〈書評〉「中国史学会主編『太平天国』」(『アジア研究』1巻1号)

1955年　東洋文庫近代中国研究委員会の派遣によりアメリカへ出張。イギリス・フランスを経て，1956年帰国。
* 「日清戦時中国の主戦論」(近衛霞山公五十年祭記念論集編集委員会編『アジア：過去と現在』　霞山倶楽部) #

* 「四川保路運動の首脳部」(『お茶の水女子大学人文科学紀要』6)#
* "The Railway Protection Movement in Szechuan in 1911"(*Memoirs of the Research Department of the Toyo Bunko*, 14)#
* 〈書評〉「『中国外交文書辞典』」(『史学雑誌』64編1号)

1956年
* "The Gentry and the Ch'uan-sha Riot of 1911"(Eighth Annual Meeting of the Far Eastern Association における発表)#

1957年
* 「〈一九五六年の歴史学界:回顧と展望—東洋史〉清末・現代」(『史学雑誌』66編5号)
* 〈書評〉「中国近代史資料叢刊『辛亥革命』」(『東洋学報』40巻3号)
* 「《座談会》中国近代史研究をめぐって」(『歴史評論』89)

1958年　お茶の水女子大学教授(文教育学部)。
* 『世界史大系』第14巻(東アジアIII)(編)　誠文堂新光社
「総説」「日露戦争」「辛亥革命」(執筆)
* 「〈動向〉清末の民変」(『お茶の水史学』創刊号)
* 「東洋における近代化:特に中国のばあい」(中村元等編『東洋思想講座』2 至文堂)
* 〈書評〉「M.C.ライト『中国保守主義最後の牙城—同治中興』」(『東洋学報』40巻4号)
* 〈講演〉「辛亥革命の一つの見方」(史学会大会における公開講演, 要旨:『史学雑誌』67編12号)

1959年
* 「〈第2部第1章中国〉六　現代」(国際歴史学会議日本国内委員会編『日本における歴史学の発達と現状』東京大学出版会)
* 「不纏足運動:中国における婦人解放運動」(1)(『総合研究集録〈女子の生活と文化の特性に関する歴史的総合的研究〉中間報告』, 中原ますると共著)
* 〈講演〉「辛亥革命時期の武漢」(東洋文庫東洋学講座)

1960年　東洋文庫研究員（兼任）。
  * 「洋務運動と変法運動」（『講座近代アジア思想史　中国篇I』　弘文堂）　#
  * 「東洋文庫所蔵近百年来中国名人関係図書目録」（国岡妙子と共編　『近代中国研究』4）
  * 〈書評〉「小野川秀美『清末政治思想研究』」（『東洋学報』43巻1号）

1961年　台湾・香港へ出張。
  * 「鄭観応の『易言』について」（『東洋史論叢：和田博士古稀記念』　講談社）　#
  * 〈座談会〉「中国の近代化」（『世界の歴史』11，筑摩書房）
  * 「清末の郷紳」（東洋文庫談話会，要旨：『東洋文庫年報』昭和36年度）

1962年
  * 『現代中国の経済』（文献解題シリーズ第3集）（編）アジア経済研究所
  * 「郷紳と辛亥革命」（『世界の歴史』第15　筑摩書房）　#

1963年
  * 「センターの開設にあたって」（『近代中国研究センター彙報』No.1）

1964年
  * 「『中国共産党五年来の政治主張』について」（『近代中国研究センター彙報』No.5）
  * 「近代中国研究の手びき：人物について調べる方法」（『お茶の水史学』7号）　#
  * 「一八六二年金銭会の蜂起」（東洋文庫談話会）

1965年　アメリカへ出張。
  * 「近刊辛亥革命史料紹介」（『近代中国研究センター彙報』No.6）　#
  * 「『中国農民』について」（『だいあん』1）
  * 「武漢における二つの革命団体—文学社と共進会」（東洋文庫談話会）
  * 「アメリカの中国研究」（東洋文庫談話会）

1966年　ブラジルへ出張。
1967年　韓国へ出張。

* 「近代中国研究の手びき：日本人の研究論文を探す方法」(『近代中国研究センター彙報』No.10) #

1968年
* "The Role of the Gentry"(Mary C. Wright ed. *China in Revolution*, Yale University Press, 1968)
* 「近代中国研究の手びき（2）：中国文の研究論文を探す方法」(『近代中国研究センター彙報』No. 11) #

1969年　アメリカへ出張。お茶の水女子大学文教育学部長を併任（〜1971年）。
* 『中国の近代』(『世界の歴史』20　河出書房新社)

1970年　香港へ出張。

1971年
* 『近代中国の政治と社会』　東京大学出版会

1972年　お茶の水女子大学附属図書館長を併任（〜1976年）。
* 〈翻訳〉J. K. フェアバンク著『中国』（上：社会と歴史　下：アメリカと中国）東京大学出版会
* 「座談会・中国研究の回顧と展望」(『近代中国研究入門』　東京大学出版会　1974)

1973年
* 〈講演〉「太平天国における女性」(東洋文庫東洋学講座，要旨：『東洋文庫書報』5)
* 「〈鼎談〉中国研究の問題点」(オーエン・ラチモア，ジョン・フェアバンク)（ラチモア著，青木繁・江頭数馬訳『中国の世界』　毎日新聞社)

1974年
* 『中国研究文献案内』(J. K. フェアバンクと共著)　東京大学出版会
* 「研究のための工具類」(坂野正高等編『近代中国研究入門』　東京大学出版会)
* 「王朝革命のモデル」(『UP』18)
* 「黄巾・黄巣と太平天国」(『UP』19)
* 「影印・重版・全集」(『UP』20)

1975年
* *Japanese Studies of Modern China since 1953*（蒲地典子，J. K. フェアバンクと共著） East Asian Research Center, Harvard University.
* 「太平天国女館考」（『中国の政治と経済：故村松教授追悼論文集』 東洋経済新報社）
* 「『怎様分析階級』について」（『鈴木俊先生古稀記念東洋史論叢』 山川出版社）
* 「中国における外来文明摂取の仕方：特に洪秀全と毛沢東の場合」（『比較文化研究会報』6）
* 「序」（『鈴木俊先生古稀記念東洋史論叢』 山川出版社）

1976年　お茶の水女子大学学長。東洋文庫研究員（兼任）退任。
* 「『抗日救国宣言』について」（『國學院雑誌』77巻3号）

1977年
* 『近代中国の政治と社会』（増補版） 東京大学出版会
* 「文献解題の功罪」（『参考書誌研究』15号）
* 「学術情報と大学図書館」（『大学図書館研究』10号）
* 「一良さんを憶う」（『お茶の水史学』20号）
* 〈対談〉「辛亥革命の周辺」（尾鍋輝彦，『二十世紀』3　中央公論社）

1978年　東洋学連絡委員。
* 『中国の革命』（『世界の歴史』21　講談社）
* 「中国の近代化」（『幼児教育』6号）
* 〈座談会〉「先学を語る：和田清博士」（『東方学』56）

1979年　お茶の水女子大学定年退職。中央大学教授（文学部）。東洋文庫研究員（兼任）復任。
* 『近代中国・日中関係図書目録』 汲古書院
* 「私の履歴書」（『お茶の水史学』22号）
* 〈座談会〉「中国の歴史研究：劉大年氏を囲んで」（『読売新聞』12月13日）

1980年
* 『近代中国・日中関係図書目録』（増補版）　汲古書院

＊ "Political and Institutional Reform, 1901-11"（Denis Twitchett & John K. Fairbank ed. *The Cambridge History of China.* v.11. Cambridge, 1980）
＊「目録の作成と近代中国研究室」（『近代中国研究彙報』2号）
＊「『近代中国関係文献目録』について」（『書誌索引展望』5－2）
＊〈講演〉「『近代中国関係文献目録』について」（日本索引家協会第3回研究大会）。加筆して，『書誌索引展望』5巻2号，1981掲載。

1981年　東洋文庫理事。
＊「『広東農民運動報告』について」（『アジア史研究』5）
＊「辛亥革命七十周年」（『交流簡報』6）
＊「近代中国研究参考図書室について」（『近代中国研究彙報』3号）
＊「近代中国研究と私」（『論集　近代中国研究』　山川出版社）

1982年
＊「中国人の別名を調べる方法：特に近現代のばあい」（『近代中国研究彙報』4号）

1983年　北京・天津・南京・無錫・蘇州・上海の研究機関・図書館訪問。
＊「周恩来の幼少年時代」（『商学論纂』[中央大学] 24巻5・6号）
＊「辛亥革命に関する中国の新刊書」（『近代中国研究彙報』5号）
＊「序」（永井算巳『中国近代政治史論叢』　汲古書院）

1984年　中央大学定年退職。
＊「新刊中国近代人物伝記について：特にその年齢，生卒年の書き方」（『アジア史研究』[中央大学]8）

1987年
＊「太平天国義和団等関係中文図書目録（1970～1986年）」（『近代中国研究彙報』9号）

1988年
＊「洋務変法運動関係中文図書目録（1970～1987年）」（『近代中国研究彙報』10号）

1989年
  ＊『洪秀全の幻想』 汲古書院
  ＊「鴉片・日清戦争等関係中文図書目録（1970〜1988）」（『近代中国研究彙報』11号）
  ＊「弔辞」（榎一雄東洋文庫理事長告別式において，『東洋文庫書報』22，1991に収録）
1991年
  ＊「中国近現代人物工具書解題（1978－1990年刊）」（『近代中国研究彙報』13号）
  ＊「河鰭源治君と私」（『東洋学報』72巻3/4号）
1995年　東洋文庫理事，東洋学連絡委員退任。
2014年　逝去（6.21）

(未刊行稿１)

秋 瑾 の 生 年

Ⅰ　はじめに……………………………………………　87
Ⅱ　秋瑾の生涯…………………………………………　90
Ⅲ　秋瑾生年に関する論争と私見……………………　97
Ⅳ　おわりに……………………………………………　110
附録
　Ⅰ　秋瑾生年に関する史料………………………　113
　Ⅱ　抄録・秋瑾女士の思い出／服部　繁子 ……　127

Ⅰ　はじめに

　中国近代に関する一般向けの読み物を書く場合，人物には生卒年をなるべく注記するように，私は努めている．一般に行われているように西暦を使って．ところが，これが案外に面倒なのである．

　先ず手元にある生卒年表をはじめ，歴史辞典や人名辞典，あるいは列伝，人名録の類を調べてみる．卒年を書くのには，そんなに苦労はしない．ところが生年となると，そう簡単にはいかない．本によって１，２年違うものはザラにあって，時には４年，５年と違うようなものさえ出てくる．史料を少し漁って，どれがいいのか調べてみるが，大ていの場合わからない．結局，１，２年ぐらいどうでもいいやとあきらめて，いい加減に書いてしまうが，後味の悪いことこの上もない．

　何故，生年が本によってそんなに違うのだろうか．考えられる理由は幾つかある．その一つは，清代は陰暦の用いられていた時代なのに，清の元号ではな

く，陽暦である西暦を用いて生年を表示するためである。蔡元培を例にとってみる。生年は清同治6年丁卯12月17日で，これを西暦に直せば，1868年1月11日になる。したがって蔡元培の生年を西暦で表示するなら，1868年とするのが妥当のように思える。しかし1868年とすると妙なこともおこってくる。例えば，高平叔編『蔡元培年譜』(中華書局，1980) は西暦による年譜で，1868年を1歳とするが，翌1869年には3歳になっている。何故そうなったのかといえば，12月17日に生まれて1歳となった蔡元培は，14日後の同治7年1月1日 (1868年1月25日) には2歳になる。西暦でいえば1年の間に2歳年をとってしまったわけである。一方，同治6年を西暦に直すときには，1867年とするのが普通で，生まれた月日が不明な場合は，同治6年生まれの人はすべて1867年生まれとせざるを得ない。蔡元培の場合は，生まれた月日はわかっているけれども，その不明の人と同等に1867年生まれとしても，また不思議ではない。またそうすれば，1年に2歳年をとるような不都合なこともおこらない。西暦で表示された生年に一つ違いが出てくるのは，このような理由による場合がしばしばある。

　もう一つの理由は，年齢の数え方に違いのあることである。中国ではもともと日本でいう"数え年"で歳を数えるのが普通で，これに特定の呼び方はなかった。しかし西洋文明の押しよせて来るとともに，"満"の数え方も行われるようになり，それを実齢，実歳，周歳，足歳などといい (以下，実齢の語を用いる)，数え年のことを，虚齢，虚歳などというようになった (以下，虚齢の語を用いる)。ところが満で数える実齢は，1年を経た2度目の誕生日に1歳，3度目に2歳になるという数え方だから，誕生日がわからないと言えない。これは不便である。そこで生まれた時は実齢と同じように0歳だが，翌年の正月には1歳になるという数え方が考えられた。虚齢と同じように正月がくれば一つ年をとるのだが，虚齢より1歳小さいのである。この数え方も中国では実齢といっているが，私は仮りに実齢'と呼ぶことにする。最近は中国でも日本と同じように，伝統的な虚齢よりも実齢の方が普通に用いられるようになった。しかしこれには前に述べたような不便があるので，公式には実齢でなければいけないが，便宜的には実齢に似而非なる実齢'がよく使われている。例えば，周恩来は1898年

3月5日に生まれ，1976年1月8日に没する。没したのは誕生日前だから，実齢なら77歳でなければならないのに，『人民日報』の訃告には，享年を78歳と報じている。即ち実齢'である。さかのぼって1904年1月13日（光緒29年11月26日）に発布された「奏定学堂章程」のなかに，

　　　古人八歳入小学，今西人満六歳入小学，即古之七歳也。
とあるところから見ると，清末にも，この実齢'の数え方があったように思われる。

　話を本題にもどす。中国の伝統的な伝記の書き方では，何年に生まれたかは書かず，亡くなったときに何歳と記すのが普通である。だから生年は，享年から逆算して出すことがよくある。例えば前述の周恩来，生年がわからなくても，1976年逝去，享年78歳とわかれば，生年は逆算できる。ただどんな数え方で78歳なのかわからないと，生年は3種類になってしまう。78歳が虚齢なら生年は1899年，実齢'なら1898年，実齢で逝去が誕生日以後なら1898年，誕生日前なら1897年となる。享年に限ったわけではない，何年に何歳かということがわかれば，生年を逆算することはできるが，数え方がわからなければ，この周恩来の場合と同様，生年は3種類になって，決定的な生年を得ることはできない。生年が1年，あるいは2年違いの場合は，このケースが最も多い。年齢を虚齢とみるか実齢とするかによって，違ってしまうのである。そしてこれに，さきに蔡元培を例に述べたような旧暦を新暦に直すことから生ずる1歳の差が加わると，3年の違いができてしまう。

　以上，生年に1年から3年までの差がどうして出るかを述べてきたが，このような差異は，史料の良し悪しから来るのではなく，同一史料に対する解釈の相違から来るものだから，まだ始末はつけやすい。困るのは，良い史料，信憑性の高い史料が少なく，下らない史料，信憑性の低い史料が多くて，それらの史料間に相違のある場合である。中国の近代史はこれなのである。下らない史料ばかり沢山あるから，始末は悪く，1年，2年の差はザラ，4年，5年と生年の違う人さえ出てくる。そういう近代中国において活躍した人物の中で，生年に関し諸説紛々として最も複雑怪奇なのは，清末の巾幗英雄といわれる秋瑾

である。1875，1876，1877，1878，1879年の5説が横行して，とどまるところを知らない。

ここまで述べて来たところは，私の論文「新刊中国近代人物伝記について：特にその年齢，生卒年の書き方」（『アジア史研究』8，1984）に，概ねすでに書かれている。そのなかで生年に異説のある人物も例示しているが，ただ例示するだけで，何の解決も私は与えていない。それで以下に，いま複雑怪奇といったばかりの秋瑾の生年について，私の見解を述べてみたい。

II　秋瑾の生涯

1　秋瑾の家系

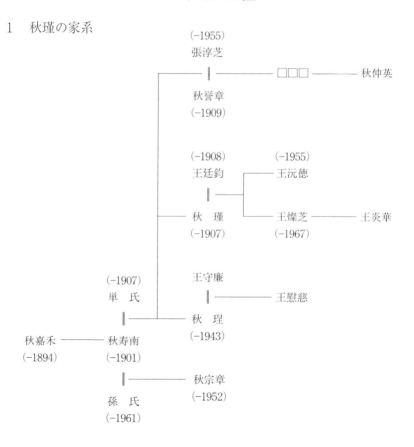

2 秋瑾の略歴

　秋瑾は清末の著名な女流の革命家，女性解放運動家であり，また詩人でもあった。原名を閨瑾というほか，璿卿，璇卿，競雄，秋競，旦吾，鑑湖女侠などの別名をもっている。浙江紹興の書香の家の長女で，祖父も父も挙人の資格をもっており，知県クラスの地方官をしていた。母の家もほぼ同様で，浙江蕭山の出身である。このような家に生まれた秋瑾は，小さい時から読書習字にはげみ，詩文，特に詩をよくした。纏足もしていたとのことである。長ずると，父母の命ずるままに，父の任地である湖南湘潭の富紳の三男，王廷鈞（子芳）と結婚し，一男一女をもうけた。しかしその結婚生活は必ずしも幸福なものではなかった。気の強い，男まさりの，自由にあこがれる秋瑾は，伝統を重んずる封建的な家風を好まず，また俄か成り金の家に育った王廷鈞の傲慢な，強きを恐れ弱きを欺く性格には馴染めず，夫婦仲も良くなかった。

　1903年（光緒29年），夫の王廷鈞が戸部の官位を金銭で得たので，秋瑾も自ずから北京に住むことになったが，このことは彼女の生涯に一つの大きな転機を与えた。列強の前にひれ伏した義和団事変直後の北京の姿は，余りにも哀れである。このありさまを眼のあたりに見ても，北京政府の保守官僚たちは，ただただ自己の立身出世，栄耀栄華を夢みるのみ。そんな時に秋瑾は，同郷の陶大均とその妾陶荻子，および夫の同僚である戸部郎中廉泉とその妻呉芝瑛に出会った。陶大均は後に江西按察使にまで上った人である。京師同文館で日本語を学び，横浜の領事館に勤めたこともある日本通で，1902年には桐城派の碩学呉汝綸の随員として日本に来ている。秋瑾は陶荻子と仲がよく，夫のもとを離れて，荻子と一緒に住んでいたこともある。一方，廉泉は康有為らの維新運動に関心を示した開明的官僚で，西洋文明について述べた維新派の図書や雑誌をたくさん持っていた。日本にも関心があったという。その妻の呉芝瑛はさきに述べた呉汝綸の姪で，彼の影響を受けてか，詩文は巧み，廉泉と同じく開明的思想の持ち主でもあった。秋瑾は廉泉が夫の同僚であったところから，しばしば廉泉の宅を訪れ，好んで呉芝瑛と政治について，女性について語り合った。また本を借りてきてはそれを読み耽った。そんなことを繰り返しているうちに，

秋瑾も次第に開明的になり，列強の侵略を見て，政治に対する不信を深め，西洋に学んで政治を改革する必要を感じ，その根本は，まず家庭を改造し女性を解放することにあると考えるようになった。

1904年の初め，秋瑾は呉芝瑛と蘭譜を交換して，姉妹の盟を結んだ。やがて呉芝瑛の主宰する上流婦人の談話会に参加して，京師大学堂の日本総教習服部字之吉の妻，服部繁子を知ったが，このことは秋瑾が北京に来てから陶大均，荻子夫妻に会ったこととともに，彼女に日本に留学する決意を固めさせた。しかし自費留学だから金がかかる。王廷鈞は妻の留学には反対で，金などビタ一文も出そうとしない。秋瑾はやむなく自分の持っていた装飾品など金目のものを陶荻子に託し，それらを売って資金とし，子供は友人に預けて，同年の6月末に，服部繁子とともに天津を発って日本に向かった。

1904年7月に東京に着いてから，1905年の末に東京を去るまで，省親と金策のため一時帰国した3ケ月（1905年4月～7月）を除いて，秋瑾は1年余のあいだ日本に滞在した。この間，彼女は清国留学生会館の日語講習所で日本語を習い，その後は赤坂にあった実践女学校附属の清国女子師範工芸速成科で学んだが，学校外における活躍も目覚ましかった。そのころ留学生の間に演説練習会というものがあったが，彼女は直ぐこれに加入し，やがては会長となって，しばしば演壇に立ち得意の弁説をふるって，女性の存在を聴衆にアピールした。この会は普通の話し言葉で演説することを趣旨とするものであるが，文章も話し言葉で書くべきであるとして，『白話』という雑誌を創刊し，秋瑾はこの雑誌に自ら男女同権の主張を展開した。また前年に留日女子学生が女子教育の振興を目的として結成した共愛会が，現実に機能していないことを知ると，陳擷芬を会長に推して会の運動を積極化させた。教育と団結とによって女性の自立を齎らそうとしたのである。

日本に留学している間に，秋瑾は女性の手によって女性解放運動を推進するほか，満清の打倒を目指す陶成章，徐錫麟，馮自由，王時沢らと親密になり，横浜の三合会を手はじめに，光復会，同盟会などの革命結社に加入し，『白話』などの雑誌に革命の論陣を張るなど，革命運動にも熱心に携わった。同盟会が

設立されると，その浙江分会の主盟人となり，評議部の評議員に選ばれたほどである。そして1905年11月に日本文部省が「清国人ヲ入学セシムル公私立学校ニ関スル規程」，いわゆる「清国留学生取締規則」をつくると，留学生の間に，恥を忍んで日本に留まり学問を続けるか，日本に留まることを潔しとせず学問を中断して帰国するか，の両論がおこるが，秋瑾は後者を選んで，憤然と東京を後にしてしまった。

　1906年の初めに帰国してからの秋瑾は，日本留学時代と同様に，女性の解放と満清の打倒に努めた。まず日本政府の仕打ちに憤慨して帰国した学生を収容する施設として，上海に中国公学をつくるのに力を貸し，ついで請われるままに，徐自華の経営する湖州南潯鎮の潯渓女学堂に教鞭をとった。しかし女子学生に日本語や理科，衛生を教える日々に慣れず，疲労のため病気になって，3ヶ月もたたないうちに学校を辞め，今度は紹興から上海に至る間の諸都市を，時には男装をして馬に乗り，駆けめぐっていた。それは各地の会党と連絡をとっていたのであって，やがて上海に，蠡城学社もしくは鋭進学社という名の会党の連絡場所をつくった。

　実はこの頃，浙江を中心にした地方で，満清打倒の革命運動を最も積極的に推進していたのは，徐錫麟，陶成章ら光復会の領袖たちであった。彼らの基本的戦略は，(1) 革命運動の中枢は光復会，戦力は会党と新軍とする，(2) 革命勢力を拡大するためには，政府勢力を逆用する，(3) 革命蜂起の非常手段としては，要人の暗殺を考える等である。だから徐，陶らは，浙江や長江一帯の会党，新軍と密接な連絡をとり，彼らを革命化することに力をそそいだ。秋瑾が浙江の諸都市をしばしば訪れたのは，親友で同郷の徐，陶らに協力するためであった。このようにして味方につけた会党は，紹興に大通師範学堂を創って，軍事訓練を施すことができたが，難しいのは最も頼りになるはずの新軍である。これは郷里の青年に新式の装備と訓練を施した官軍である。これを獲るために，彼らは自らその将校になろうとしたが，それは失敗した。しかし徐錫麟は中級地方官である道員の資格を金で買い，安徽巡撫恩銘にとりいって，安慶の警察署である巡警処の会辦（副署長）となり，巡警学堂の会辦（副校長）を兼ねて，

この地方の警察全体の実権を握った。

　徐錫麟が安慶に移ってしまうと，大通師範学堂は誰が主宰するかが問題になる。彼はこれを秋瑾に委ね，同時に浙江全省の革命運動も彼女にまかせ，安徽全省の運動の責任は彼自らが負うこととし，いつの日にか，紹興，安慶で同時に起義し，南京を挟攻しようと約束するに至った。新たに大通師範学堂を主宰することになった秋瑾は，1907年3月の開校式典に紹興知府貴福，山陰知県李鍾岳らを招き，貴福からは"競争世界，雄冠地球"という対聯をもらったという。そして女性の力で暗黒の中国に燈を点そうと，前年末から『中国女報』を刊行していた秋瑾は，今度は女国民軍をつくって女性を革命に動員しようと考え，まず体育会を組織し，自ら黒の制服を着て，女子に兵式体操を教えた。彼女はこれより起義の準備をいそぎ，満清打倒の革命勢力として，浙江の会党と光復会の会員とを統一して光復軍を組織し，徐錫麟を首領にいただき，自らは協領となって，全軍を指揮，統制することとした。

　秋瑾と徐錫麟とは，はじめ7月6日を浙皖同時起義の日と定めたが，やがてそれを7月19日に変えた。しかし徐錫麟は清側の警戒の厳なるを感じて，急遽7月6日，安徽巡警学堂の卒業式に臨席した安徽巡撫恩銘を殺害し，さらに学生を率いて軍械所を襲い，これを一旦は占領したが，すぐ清軍に包囲，逮捕され，翌日処刑された。この報は直ちに紹興の秋瑾に伝えられた。徐錫麟の逮捕で安徽，浙江における革命の計画が明らかになった以上，彼女の身は至って危険である。周りのものの中には逃避を勧めるものもあったが，彼女はそれを斥け，かえって戦闘の準備を固めた。しかし清軍に及ぶはずはなく，7月13日，大通師範学堂は清軍に包囲され，秋瑾は同志6人とともに逮捕された。山陰の監獄に繋がれた彼女は，皮肉にもさきに大通学堂の開校式に招待した知府の貴福，知県の李鍾岳に尋問される結果となったが，肝心なことは一語も語らず，自供書を書くよう強制されても，ただ「秋雨秋風愁煞人」の7文字を書くのみで，1907年7月15日（光緒33年6月6日）紹興の軒亭口で処刑された。

3 秋瑾の生年問題

　中国では秋瑾の研究が盛んで，彼女に関する著書，論文や史料集は実にたくさん出ている。私はこれらを通読し，それらにほぼ共通するところをとって，上の略伝を書いたのであるが，それ故に，当然に書かねばならない秋瑾の生年を記すことができなかった。さきにも述べたように，秋瑾の生年に関しては，1875年説から1879年説までの５説がいり乱れて，今にいたるまで定説を見ないからである。

　では何故そんな生年論争がおこるようになったのかといえば，秋瑾の親友たちが書いた碑文，伝記にその根本原因がある。秋瑾が1906年７月15日（光緒33年６月６日）に処刑されると間もなく，親友であった呉芝瑛，王時沢，馮自由，陶成章，徐自華らが秋瑾の碑伝を書いた。それらは何れも生年には触れず，享年だけを記している。そこで私たちは享年から逆算して生年を決めるわけだが，困ったことに，享年が２種類に分かれている。徐自華が作り呉芝瑛が書いた墓表が享年を33歳とするのに対し，呉芝瑛，陶成章，馮自由，王時沢が書いた伝記はみなそれを31歳という。この頃は普通に年齢は虚齢でいうから，享年が33歳なら，生年は1875年（光緒元年），31歳なら1877年（光緒３年）となる。では一体，どちらが正しいのだろうか。

　呉芝瑛は秋瑾の1903年以来の古い親友で，秋瑾と姉妹の盟を結んでいる。王時沢，馮自由，陶成章は日本留学時代に知った友で，共に三合会，同盟会，光復会で活躍した革命の同志で，苦楽を共にした仲である。他方，徐自華は潯溪女学の校長で，1906年に２，３ケ月間，秋瑾はここで教鞭をとっておる。その後も徐自華は秋瑾と時々会ったり，一緒に旅行したり，彼女の革命活動のために献金したりしている。ただ，両人の知りあったのは日本留学後のことで，その交際期間は，秋瑾と前述４人とのそれに比べると短い。これらの点を勘案すると，享年31歳説の方が，ただ単にそういう人が多いということからだけではなく，33歳説よりも一般的にみて妥当のように思える。しかし33歳説は秋瑾の墓表に記されているものである。その重みと，その字を書いたものが，さきに享年を31歳といった呉芝瑛であることを考慮にいれると，一概に31歳説の方が

いいと言いきるわけにもいかない。

　秋瑾の生年問題に一応の決着をつけたものは，1934年に公刊された「六六私乗」である。これは，秋瑾の殉難27周年を記念して，彼女の異母弟にあたる秋宗章が書いたもので，秋瑾の生涯が最も詳細に描かれている。これに彼女の生年が1875年11月8日（光緒元年10月11日）と明確に記されている結果は，享年33歳，生年1875年説に軍配があがって，享年31歳，生年1877年説はいささか影が薄くなった。

　この問題が再燃したのは，秋瑾の殉難50周年にあたる1957年からである。この年に刊行された中国近代史資料叢刊『辛亥革命』に，軍機処檔案を集めた「浙江辦理秋瑾革命全案」（もと1933年の故宮博物院文献館編『文献叢編』16，17輯に出たもの）が含まれていて，その中の1片に「秋瑾口供」がある。これは翌1958年に中華書局から刊行された『秋瑾史跡』にも現物が影印，付録されているが，この口供によると，秋瑾はこの時，1907年7月14日には29歳であった。29歳を虚齢とすれば，秋瑾の生年は1879年である。これより生年問題は，1879年という新説を一つ加えて，一層複雑になった。

　秋瑾の生年を1879年とすれば，1979年は秋瑾生誕百周年になる。1879年説をとる人たちは，これを記念する準備をすすめ，1979年前後には，幾つもの秋瑾を讃える文章が新聞，雑誌の紙面を飾った。勿論，1875年説，1877年説をとる人たちも，ただ黙ってこれを見ていたわけではない。これを契機として，秋瑾の生年論争はまたまた活発になって，それぞれ家譜，蘭譜といった新史料を発掘して自説を固め，他説に反論を加えた。家譜には秋瑾の生年を明確に1875年と書いているし，1904年の蘭譜では，秋瑾が自ら28歳といっているから，その生年は1877年となるわけである。そこに秋瑾の孫女，王炎華が祖母の生年は1878年といい出して，またまた論争に新説が一つ加わった。

　以下，これら秋瑾の生年論争にみえる各説の論拠を示し，次にこれに対する私の見解を述べ，最後に私が何年説をとるか，それは何故かを記したい。私がこの論文に使った主要な秋瑾の伝記，研究書，史料集の目録，および生年論争の種をなした史料の一覧は，服部繁子の「秋瑾女士の思い出」（抄録）とともに，

付録に収めた。

Ⅲ　秋瑾生年に関する論争と私見

［文中の(1), (2)等は、付録・史料一覧中の史料番号］

1　1875年説

　1875年説を主張する論著は他説に比してはるかに多い。これらの中、広く他説を紹介、批判しながら自説を展開している次の5篇を中心に、1875年説の大概を述べる。

　　晨朶「関于秋瑾的生年、卒歳和生地」『華東師範大学学報』1981-3
　　陳象恭『秋瑾年譜及伝記資料』中華書局、1983、133p.
　　鄭雲山・陳徳禾『秋瑾評伝』河南教育出版社、1986、254p.
　　郭長海・李亜彬「秋瑾事迹系年」、「秋瑾生年考」（『秋瑾事迹研究』所収）
　　郭長海「関于秋瑾生年争論之我見」『辛亥革命史叢刊』8、1991

　1875年説にほぼ共通している論拠は、次の通りである。まず(3)徐自華は「鑑湖女侠秋君墓表」の中で、親友秋瑾の享年を33歳としているが、当時は年齢は虚齢でいうのが普通だから、これは秋瑾の生年を1875年とするに等しい。この1875年説をさらに強力にしたのが、秋瑾の異母弟にあたる秋宗章の(1)「六六私乗」と、秋家に伝わる(2)世系表（家譜）および忌日牌とであって、何れも誕生日を1875年11月8日（光緒元年10月11日）としている。更にこの説を間接的に支持するものは、秋瑾の実妹にあたる秋珵の誕生日である。秋珵の女の王慰慈は母の誕生日を、1878年4月3日（光緒4年3月1日）、といっているし（「関于秋瑾的確切生年」『解放日報』1981-5-14［EG］）、秋氏家譜にも同様に記されているという（秋経武「秋瑾生年為一八七五年」『浙江学刊』1983-2［G］）。ところが、もし1877年説をとると、誕生日は1877年11月15日（光緒3年10月11日）となるから、姉妹の出生間隔が5ケ月にも満たない。こんなことは有り得ないことで、先述の秋珵の誕生日が正しいとすれば、1877年説はあり得ず、1878、1879年説は当然に不可能となる。1876年説は、後に述べるように典拠とすべきもの

が殆んど見当たらないから,勢い1875年説が決定的になる。1875年説の人は,もう一つの間接的証拠として,呉芝瑛が墓表の字を書いていることを挙げる。「彼女は秋瑾殉難の直後に享年31歳といっているのに,いま墓表に33歳と書いたのは,その正しいことを知ったからである」というのである。しかし(4)彼女はその後も31歳といっているのであるから,33歳が正しいと思って書いたのではなく,不注意か無意識のうちに,徐自華の原稿をそのまま写してしまったのであろう。呉芝瑛が墓表に33歳と書いたからといって,これは1875年説の証明となり得ない。

この他(15)周亜衛の回想,(16)孫氏の口述,(17)張淳芝の言,が1875年説の証拠として挙げられるが,これらの史料は,何れも60年も前の回想で信憑性が低いから,1875年説にとって,大したプラスになるものではない。同時に他説にとっても,これらは大したマイナスになるものではあるまい(詳細は付録の史料一覧参照)。

1875年説にとって都合の悪いのは,(4)呉芝瑛,(5)王時沢,(6)馮自由,(7)陶成章らの,徐自華に比べれば古くて長い秋瑾の親友が,すべて享年31歳としていること,(8)獄中での秋瑾口供に29歳とあること,(9)1904年2月に秋瑾が呉芝瑛に与えた蘭譜に28歳とあること,(11)1904年の留学生調査録に27歳とあること等で,もう一つは,(10)27歳のときの作である泛東海歌を何年におくか,ということである。

秋瑾口供は偽造であり,したがってこれを無視する,というのは,この1875年説を持するものにほぼ共通している。その他の点では,みな解釈が違ってくる。晨朵は「北京に住むようになった1903年以来,秋瑾は日本人にならって実齢を使うようになった」という。これには理がないわけではない。というのは,夫の王廷鈞との仲がもめはじめた秋瑾は,1903年の一時,王廷鈞と別れて陶大均,陶荻子夫妻の家に寓居したことがある。陶夫妻は日本通だから,この間に秋瑾が両人から,日本の学校教育では"満",即ち実齢という年齢の数え方が行われていると聞いて,それから実齢を用いるようになった,とも考えられないことはない。そして晨朵は,「泛東海歌は1903年の誕生日前に歌ったもので,

その中にいう27歳は、蘭譜の28歳、呉芝瑛らのいう享年31歳とともに、みな実齢で、実齢として逆算すれば、秋瑾の生年は1875年になる」とする。この晨朶の説のうち、泛東海歌を1903年の誕生日前の作とみるのは無理ではないかとも思われるが、絶対に不可能だともいいきれない。晨朶の説の最大の欠点は、1904年の留学生調査録にいう27歳に対する説明ができないことである。どんな数え方で数えても、生年は1876年より早くはならない。もう一つの疑問点は、日本でも当時は一般に数え年、即ち虚齢が用いられていたのに、どうして3年以上もの長い間、秋瑾は学校だけでなく、社交の面でも実齢を使っていたのだろうか、ということである。

　晨朶が「秋瑾は1903年以来、実齢を用いた」というのに対し、鄭雲山は「1903年以来も虚齢を使うが、実際より2歳若くいっていた」という。即ち、1904年は虚齢で30歳だが、蘭譜では2歳若くして28歳という。この年の7月に日本に行くが、来日直後は、日本風の実齢'を2歳若くして使い、このころ作った泛東海歌でも、また留学生会館での登記でも、ともに27歳と書いた。しかし実齢'を使ったのは、来日当初だけのことであって、その後、王時沢、馮自由、陶成章に会ったときには、実齢'は使わず、実際より2歳若い虚齢の28歳とか29と自己を紹介した。だから彼らはみな、秋瑾の享年を31歳と書いているのである。徐自華が秋瑾に会ったのは1906年のことで、彼女も秋瑾から2歳若い30歳と聞いたが、墓表を書くに当たっては、秋瑾の実兄である秋誉章らの近親に聞いて、ほんとうは33歳であることを知り、31歳ではなく、33歳と記した。以上は鄭雲山の説明であるが、誠にうまくできていると思う。ただ問題なのは、何故、1903年以来、秋瑾は2歳も若くいっていたのか？　彼自身も、それはわからないといっている。

　郭長海の論法も鄭雲山のそれに似ている。秋瑾が一時期実際の年齢より2歳若く言っていたという点、1904年の来日当初は実齢'を使っていたという点では、全く同じである。違う点はその一時期の期間である。郭長海はそれを「秋瑾事迹系年」では1895年の婚約の時からとしているが、「秋瑾生年考」や最近の「関于秋瑾生年争論之我見」では鄭雲山と同じように、2歳若くいい出した

のは1903年，北京に住むようになってからとしている。ただ鄭雲山とは異なり，秋瑾が2歳若くいっていたのは，北京，東京時代，即ち1903～1905年間だけであって，1906年の初めに日本から帰ってからは，(3)徐自華にも，(15)周亜衛にも，昔通りに虚齢で32歳といっていたという。したがって徐自華が墓表で秋瑾の享年を33歳というのは当然であって，この事に対して鄭雲山のように，いささか苦しい説明をする必要はない。しかし反面，秋瑾は帰国してから何故，2歳若くいうのを止めてしまったのか，という疑問が沸いてくる。なお郭長海は，1895年から2歳若くいったのは「婚姻のため」とし，1903年からの場合は，「当時の中国では，女性が年を若く見せたがるのは当たり前のこと。1，2歳若くいったところで，どうということはない」と説明している。

鄭説と郭説とはほとんど同じで，どちらがいいかは，俄に決定し難い。ただ郭長海が最も多く典拠をあげ，また自説をうまく表示しているので，これにならって，1875年説を代表する郭説を表示すれば，次の通りである。年齢を2種記しているが，前者は実際の年齢（虚齢），後者は秋瑾が話したり書いたりした時の年齢である。

（史料）	（事項）	（場所）	（西暦）	（虚齢の年齢）	
	秋瑾の誕生	紹興	1875	1	
（1）	王廷鈞と婚約	湘潭	1895	21	21
(16)	孫氏，秋家へ	湘潭	1895	21	21
（1）	王廷鈞と結婚	湘潭	1896	22	22
（4）	呉芝瑛に会う	北京	1903	29	27
（9）	呉芝瑛と結盟	北京	1904	30	28
(10)	泛東海歌作る	東京	1904	30	27（実齢′）
(11)	学生会館に登記	東京	1904	30	27（実齢′）
（5）	王時沢に会う	東京	1904	30	28
（6）	馮自由に会う	東京	1904	30	28
（7）	陶成章に会う	東京	1905	31	29

（3）	徐自華に会う	潯渓	1906	32	32
（15）	周亜衛に会う	杭州	1906	32	32
（3）	秋瑾の殉難	紹興	1907	33	

なお1875年説にいい史料を提供するものに，徐自華を別にして，秋宗章，秋仲英，秋経武，王慰慈，張淳芝，孫夫人など，秋氏一族，近親が多いのが目立つ。

2　1877年説

1877年説の主な論著に，

　　郭延礼『秋瑾年譜』斉魯書社　1983　216p.
　　毛注青「秋瑾生年弁」『辛亥革命史叢刊』1，1981
　　沈作霖・李燁「秋瑾生年管見」『浙江学刊』1981-4
　　李景光「秋瑾生年考：兼与晨染同志商権」『遼寧大学学報』1983-2

等がある。このうち他説も網羅的に批判しながら，1877年説を最も総合的に述べているのは郭延礼であるから，彼の『秋瑾年譜』を中心に1877年説について論じてみる。

1877年説の最も有力な論拠となるものは，秋瑾の親友である（4）呉芝瑛，(5) 玉時沢，(6) 馮自由，(7) 陶成章らのいう享年31歳と，1904年2月に秋瑾が呉芝瑛に与えた蘭譜に記す28歳とである。これを虚齢とすれば，そしてそれは当然と思うが，生年は1877年となる。

ただこれと矛盾するような史料も多い。まず(11)1904年の留学生会館の調査録に27歳，(8)1907年7月の秋瑾口供に29歳，とある点であるが，郭延礼はこれらの年齢を，(10)泛東海歌にいう27歳とともに，実齢であるとする。即ち，調査録の27歳は，誕生日の旧暦10月11日から調査の期限である10月15日の間に秋瑾が記入したもの，泛東海歌は1905年7月の再来日前後，即ち誕生日前に作ったもの，したがって3史料ともに，1877年説に何の支障もないとする。この主張を，先に記した郭長海の場合と同じように表示すれば，次のようになる。

（史料）	（事項）	（場所）	（西暦）		（虚齢の年齢）	
	秋瑾の誕生	福建	1877		1	
	王廷鈞と婚約	湘潭	1895		19	
	王廷鈞と結婚	湘潭	1896		20	
（4）	呉芝瑛に会う	北京	1903		27	
（9）	呉芝瑛と結盟	北京	1904		28	
(13)	神戸着	神戸	1904		28	
(11)	学生会館に登記	東京	1904	（誕生日後）	27	（実齢）
（5）	王時沢に会う	東京	1904		28	
（6）	馮自由に会う	東京	1904		28	
（7）	陶成章に会う	東京	1905		29	
(10)	泛東海歌を作る	東京	1905	（誕生日前）	27	（実齢）
（8）	秋瑾の口供	紹興	1907	（誕生日前）	29	（実齢）

　同学姓名調査録，泛東海歌，秋瑾口供の問題は，一応これで片付いたといえるが，他に1877年説にとって，より基本的に不都合な史料がある。(1)秋宗章「六六私乗」，(2)家譜，忌日牌に，生年を1875年（光緒元年）と明記していること，(3)徐自沢が作った秋瑾の墓表に，享年33歳とあること，および1875年説のところで述べた秋珵の生年から，秋瑾の1877年生まれは有り得ないこと等である。家譜については，郭延礼は一言も言及していないが，他の2点についての彼の説明は，次の通りである。

　まず「六六私乗」であるが，秋瑾殉難のとき秋宗章はまだ12歳だったし，秋瑾や兄の秋誉章とは母が違うので，1934年にこれを書いたときには，秋瑾の事は何も覚えていなかっただろう。また秋瑾の父母も秋誉章も既に亡くなっていたから，親友に聞いたことや文書をたよりに，「六六私乗」を書いたに違いない。だから生年1875年というのも，あまり当てにはならない。次に徐自華であるが，彼女が秋瑾と一緒にいたのは，潯溪女学の2ケ月ばかりで，その後も時々は

会っているが，秋瑾は革命工作に忙しく，そんなに時間はなかったはず。また徐自華自身も「炉辺瑣記」（筆者未見）の中で，「璿卿之足歳未能確記」といっているから，享年33歳というのは，あまり信用できない。秋瑾の生年については，(19)周姓老人の談話を持ち出し，彼が1879年の旧暦9月に秋瑾が生まれたというのは，秋瑾の誤りで，秋瑾の生年が1879年であることは，秋瑾の女の王慰慈が郭延礼の質問に答えて，秋瑾の卒したのは1943年，享年64歳といってきたことで明らかであるという。1943年頃はまだ享年は虚齢でいうのが普通だから，1943年，64歳で，生年1879年というには疑問もあろうが，王慰慈がさらに郭延礼に答えてきたところによると，秋瑾が卒したのは，正確には1943年1月14日（壬午年12月9日）だから，旧暦で勘定すれば生年は間違いなく1879年になる。そうなれば秋瑾が1877年に生まれたとしても，何の不都合もなくなる。ただ前に述べたように，王慰慈は母の生まれたのは1878年4月3日（光緒4年3月1日）ともいい，秋経武も家譜にそう書いてあるという。これを何故とらないかは，当然に一言あって然るべきだろう。

　以上で，郭延礼を中心とする1877年説の人々の，マイナスの史料に対する説明はほぼ終わるのだが，私にはなお二つの大きな疑問が残る。その一つは，前の表を見ていただきたい。虚齢と実齢が入り混じっているのが納得できない。虚齢と実齢をこんなに使い分けることが，実際にできるのだろうか。それよりも郭延礼が(11)留学生調査録の年齢27歳を実齢とするのは疑問である。氏は調査録の総人数2413人中，秋瑾は2380人目にあるから，記入期限の旧暦10月15日の直前，誕生日の10月11日から15日までの間に記入したと考えるが，私はそうではなく，彼女は東京に来て間もなく，学校はもとより，日語講習所にも入らないうちに，登記したものと思う。現物を見ていない私がそんなことをいうのは冒険だが，さきに述べたように，留学生が自分で記入する題名簿がそのまま印刷されるのではなく，原則としては，学校別に編集し，その後に日語講習所，次に預備入校の人がくる，預備入校はほとんど最後であって，その後は若干の雑ともいうべきもの，帝国婦人協会，小学校や，前に入るべくして落ちたものだけである。秋瑾は預備入校だから，後ろの方に印刷されているのだと思

う。したがって27歳は実齢ではなく，実齢′に違いない。泛東海歌も1904年7月前後の作として，27歳は実齢′とみ，秋瑾口供の29歳は偽造として無視する方がよさそうである。この考え方は，1875年説の鄭雲山，郭長海の考え方と一脈相通ずるものがある。

もう一つの疑問点は，生年論とは直接関係はないが，郭延礼が秋瑾結婚の時を1896年5月17日（光緒22年4月5日）としている点である。これは1875年説の根拠をなす（1）秋宗章の「六六私乗」によるものと思われる。ところが1877年説は，呉芝瑛，陶成章ら最も親しかった人たちが，秋瑾の享年を31歳といっていることに端を発する。その（4）呉芝瑛，（5）王時沢は結婚の時を19歳，（6）馮自由，（7）陶成章はそれを18歳としている。享年31歳が正しいなら，結婚は1895年か1894年でなければならない。それなのに結婚時はこれらの年を採用せず，何故，生年が間違っているという「六六私乗」によって1896年というのか。郭氏はその理由を，丙申年（光緒22年，1876年）作の詩「思親兼東大兄」[B]によるというが，この詩は何故，結婚したその年の詩でなければならないのだろうか。私は，結婚後の詩ではあろうが，結婚の年のものでなければならないとは思わない。その詩は次の通りである。

　　　一様簾前月　　如何今照愁
　　　闌干深院静　　花影夜庭幽
　　　看雁縈帰思　　題箋写早秋
　　　閨中無解侶　　誰伴数更籌

生年1877年説をとるなら，「六六私乗」のように，1895年婚約，1896年結婚とするよりも，（4）呉芝瑛，（5）王時沢により1895年結婚とするか，（6）馮自由，（7）陶成章により1894年結婚とした方が筋が通るような気がする。毛注青は後者をとっているが，私は1894年婚約，1895年結婚としたらどうかと思う。また秋瑾の長男，王沅徳の誕生を「六六私乗」によって1897年6月27日（光緒23年5月28日）としているが，毛注青のように1896年5月とした方がいいように思う。毛注青は文革前に，王沅徳が勤めていた湖南文史研究館で彼の自筆の履歴書を見て，それによって王沅徳の誕生を1896年としたのである。そしてもし王

玩徳の生年が1896年なら、秋瑾の結婚は1895年か1894年にした方がいい。
　1877年説をとる場合には、「六六私乗」は史料としてなるべく使わない方がいい。どうしても「六六私乗」でなければならない場合は別として。

3　1879, 1878, 1876年説
　前掲２説に次いで有力な1879年説を主張する論文には，
　　　邵雯「秋瑾出生年代初考」『歴史研究』1978-11 ［E］
　　　沈祖安「秋瑾生年質疑」『浙江学刊』1981-4
等がある。この説の根拠となるのは，(8) 秋瑾口供に29歳とあること，及び(19) 周姓老人が1879年の旧暦9月に生まれたといっていることで，傍証としては，(6) 馮自由，(7) 陶成章が結婚時を18歳としていること，(10) 27歳の作という泛東海歌は1905年の歌であること，等があげられる。しかしその根拠となる(8)は偽造だとして信頼しない人が多いし，(19)の1879年に生まれた女性は，秋瑾と断定するのは難しく，どちらかといえば，それは秋瑾ではなく，むしろ妹の秋珵だという人の方が多い。また(6)，(7)を傍証とするのはおかしい。これは1896年を結婚の年として逆算するのであるが，この結婚年は「六六私乗」のいうところ。そのいう1875年の生年は否定するのに，なぜ結婚年は信用するのか。(6)，(7)のいう18歳結婚を信用するなら，同じ史料にいう享年31歳を信用して，生年1877年，結婚1894年とすべきではないか。そうなると1879年説は，これを確かに裏付けるような史料は，僅かに (10) 泛東海歌が残るのみ。しかもこれとて，絶対に1905年の作でなければならない，と証明することはできない。一方，1879年説に不都合な史料は，(1)から(9)までと(11)のように一杯あって，とても1879年説は採用できない。

　1878年説になると，史料も研究もさらに少なくなる。代表的な研究は，
　　　兪観濤「秋瑾生年応為一八七八年」『浙江学刊』1983-2 ［G］
であるが，その論拠は，(18) 秋瑾の孫女である王炎華が，祖母の生肖は虎で，生年は1878年，といったことにあり，傍証として，(4) 秋芝瑛，(5) 王時沢が結婚時を19歳としていること，(10) 泛東海歌は1904年の作で，そのとき27歳

であったこと，(8)秋瑾口供に29歳とあること，を挙げている。「六六私乗」の生年1875年は認めないのに，結婚時の1896年は認めて，呉芝瑛らが1896年に19歳といっているからその生年は1878年，というのは納得できない。呉芝瑛らが結婚19歳というのが正しいのなら，何故，享年を31歳というのも信じて，生年を1877年，結婚を1895年としないのか。また口供だけ実齢′というのも何となく異様である。これらの傍証は王炎華が1878年生まれというのにこじつけたもののようにみえる。それは兎も角としても，肝心の王炎華の談話の誤解が秋瑾の姪の王慰慈によって指摘され，生肖が虎なのは妹の秋珵とされる以上，1878年説は問題なく成立しないといわざるを得ない。

最後の1876年説にいたっては，

> 北京師範大学中文系三・四年級学生，古典文学教研組合編『中国文学史講稿』第三分冊（高等教育出版社，1958）

に見えるということを，私は知るだけである。しかも私はこの本を見ているわけでなく，またこの本が何を論拠に1876年説をとるかは，誰もいっていない。そんなことから，私はこの説はとるに足らないものと思っている。もっともこの1876年説にも，根拠になるような史料が全然ないというわけではない。(18)王炎華の談話である。秋瑾の生年が1878年といったのは，妹の秋珵の誤りであったが，同時に王炎華は秋瑾は秋珵の2歳年上といっているから，勢い秋瑾の生年は1876年になるわけである。ただこのようなかなり怪しげな史料が一つだけでは，1876年説はとても無理である。

4　私の1877年説

最後にいよいよ私の見解を述べる番になった。

これまで秋瑾の生年に関する諸説を紹介するなかで，私の考えも述べてきたから，あらためて説明しなくても，私が1875年説か1877年説かをとっていることは，すでに自ずから明らかであろう。ただ，この両説のうちの何れか一つを選ぶとなると，今でも迷ってしまう。しかし生年が二つあってはおかしい。そこで敢えて一つを選ぶとすれば，それは1877年説の方である。

（未刊行稿1）秋瑾の生年　107

　私をして敢えて1877年説を選ばせたものは，(9)蘭譜の存在である。私たちが原則として最も信用できると考える史料は，"その人が，その時に，その場で"書いたもの（借金証文のようなもの）である。人も時も場も，それから遠ざかるにしたがって信用がだんだん薄くなっていく。蘭譜には生年，生肖がないので信用できないという人もいる。しかし年齢が書いてあるのだから，生年，生肖は自ずから判るわけで，この論には賛成しかねる。蘭譜は秋瑾の親筆でないという人もいる。しかし多くの中国人研究者が親筆としているし，親筆でないとしても落款があるのだから，付録に掲げた秋瑾生年関係史料19件のうち，最も信憑性の高いものは，1904年に作られた蘭譜だと思う。その蘭譜によれば当時，秋瑾は28歳で，その28歳は虚齢とみるのが最も普通と考えて，1877年説を選んだわけである。私の1877年説は，郭延礼らに学ぶものが多いが，細部においては異なる点がある。そこで私の論拠を表示すれば，次のようになる。

（史料）	（事項）	（場所）	（西暦）	（虚齢）
	秋瑾の誕生	福建	1877	1
	秋珵の誕生	雲霄	1879	3
（6,7） 革命逸史等	王廷鈞と婚約（史料は結婚）	湘潭	1894	18
（4,5） 秋女俠伝等	王廷鈞と結婚	湘潭	1895	19
	王沅徳の誕生	湘潭	1896	20
（4） 秋女俠伝	呉芝瑛に会う	北京	1903	27
（9） 蘭譜	呉芝瑛と結盟	北京	1904	28
（13） 大阪朝日	神戸着	神戸	1904	28
（10） 泛東海歌	作	海上か東京	1904	27（実齢）
（11） 調査録	留学生の登記	東京	1904	27（実齢）
（5） 秋瑾略伝	王時沢に会う	東京	1904	28
（6） 革命逸史	馮自由に会う	東京	1904	28
（7） 浙案紀略	陶成章に会う	東京	1905	29
（4〜7） 秋女俠伝等	秋瑾の殉難	紹興	1907	31

上掲の表で除外されている秋瑾生年関係史料は，(1)，(2)，(3)，(12)および(14)以下であるが，(12)服部繁子の思い出のなかの年齢，(14)徐双韻の回憶以下は，付録の史料一覧で述べているように，信憑性が低いものだから，特に問題にしなくてもいいだろう。しかし(1)秋宗章「六六私乗」，(2)秋氏世系表（家譜）や忌日牌，(3)徐自華「鑑湖女侠秋君墓表」は，1875年説の根幹をなす史料であるから，そう簡単に無視してしまうわけにはいかない。

まず徐自華が墓表で，秋瑾の享年を33歳としている点であるが，これは1904年に秋瑾が蘭譜の中で28歳といっているのと矛盾するし，秋瑾の他の親友がみな享年31歳といっているのだから，徐自華は，記憶違いか不用意か，何らかの理由で享年を間違えたのではないか。この墓表と，蘭譜に秋瑾が自ら誕生日を旧暦10月11日と書いていることから，秋宗章は「六六私乗」で，秋瑾の誕生を光緒元年10月11日（1875年11月8日）としたのではないか。そしてこの「六六私乗」の説が秋氏の親族間に流布して，家譜や忌日牌にも同様に記されているのでないか。本来からすれば，家譜，忌日牌の類がさきにあり，秋宗章はこれを見て「六六私乗」を書いたというべきかも知れない。しかし家譜のことが新聞・雑誌で語られ一般に知られるようになるのは1970年代に入ってからで，しかもそれは家譜そのものに関する報道ではない。秋瑾の生年に関して，家譜を見たという親族から聞いた話が語られるだけで，その家譜も今はもうなくなってしまって見られないというのである。これでは家譜の存在さえ疑わしく，あったとしても，それは秋宗章の私乗から作ったとみる方が妥当のように思う。そうだとすれば私がさきにいったように，徐自華の書いた墓表と蘭譜とによって，秋宗章は秋瑾の生年月日を定めたという説の蓋然性が強くなる。ただこれを決定する前に，鄭雲山の論議を聞かねばなるまい。

実は蘭譜は，中国における秋瑾生年論争に面白い役割を果たしている。1877年説を代表する郭延礼は，前には1875年説であったが，蘭譜をみてから1877年説に変わった。ところが鄭雲山はこれとは逆に，前には1877年説であったが，蘭譜をみてから1875年説に変わった。さきの郭延礼の場合，なぜ1877年説に変わったかは，特に説明する必要はあるまい。だが鄭雲山の場合は，説明がなけ

ればわからない。蘭譜によれば，秋瑾は1904年に28歳で，当時なら普通虚齢で歳を数えるから，生年は1877年になるはず。それなのに彼はなぜ1875年説に変わったのだろうか。鄭雲山は蘭譜にある誕生日，旧暦10月11日は正しいとみる。一方，人は一般に，他人の誕生日よりも生年の方をよく覚えているものだという。したがって「誕生日を正しく覚えている秋宗章が，生年を間違えるはずはない。光緒元年（1875年）というのは当然に正しくなければならない」というのが鄭雲山の論理である。

しかし私は「誕生日を知っているくらいなら，当然に生年は知っているはずだ」という論理には疑問を感ぜざるを得ない。それは兎も角としても，秋宗章は妾腹の子で，そんなに秋瑾のことを知っていたはずがない。秋瑾の誕生日は，後で誰かに聞くか，何かで見たに相違ない。秋宗章は1912年の秋瑾殉難紀念大会で蘭譜を見ているはずだから，見なかったとしても，少なくともその存在は知ったはずだから，秋瑾の誕生日は覚えていたのではなく，蘭譜によって知っていたのではなかろうか。したがって私のいうように，秋宗章は徐自華の書いた墓表に享年33歳とあることから，生年を割りだし，誕生日は蘭譜のそれをとったとしても，それほど不都合ではあるまい。

なお妹の秋珵の生年が，1875年説の人のいうように1878年とすれば，1877年説は成り立たないが，その拠っている家譜があまり信頼できないなら，問題は解消したといってよい。その生年を，私は郭延礼と同じく1879年とした。郭延礼はその論拠を (19) 周姓老人の談話に求め，"秋瑾は秋珵の2歳年上"という (18) 王炎華の談話および『精衛石』を傍証とする。『精衛石』は秋瑾の自伝風の弾詞で，その第二回において，桑夫人（秋瑾の母，単夫人のこと）は隔年に黄鞠瑞（秋瑾のこと）と黄淑仁（秋珵のこと）を生んでいる。私は周姓老人の談話は，付録の史料 (19) に述べたように，あまり信頼しない。したがってこれによるのではなく，郭延礼が傍証としている2史料によって，秋珵の生年を1879年と定めた。『精衛石』の話は最も信頼に値すると思う。

私が自分の1877年説に対してもっている一つの疑念は，本人の言っていること，書いていることを信じすぎていないかという点である。秋瑾が蘭譜に記し

たり，呉芝瑛ら古くて長い親友に語っている年齢を，秋瑾生年決定の根拠としているが，本人だって，時には本人であればこそ，でたらめを言うことは，よくあることである。だから1875年説の鄭雲山や郭長海が，「秋瑾は実際より2歳若く年齢をいっていたんだ」というのも，無下に退けてしまうわけにはいかない。ただでたらめも一回きりなら，偶然か不注意のためと思われるが，秋瑾の場合は，かなりの長期にわたりごまかしていたことになるから，偶然や不注意では済まされない，故意とみるべきであろう。郭長海はこれを「当時の中国では，女性が年を若く見せたがるのは当たり前のこと。1，2歳若くいったところで，どうということはない」と説明している。これはなかなかうまい説明だと思う。ただ私にはいささか疑問が残る。秋瑾が北京に住むようになった時は，郭長海のいうように1875年生まれだとしたら，秋瑾はもう29歳になっている。何故それまでは，女の子のよくやるように，年を若くいわなかったのだろうか？　私なりに強いてその理由を考えれば，「秋瑾は北京にきて都会の婦人と交わるようになり，このころから社会活動をしたり，外国留学を考えるようになった。それとともに都会の女の子と同じように，年を若くみせたくなった」のではないか。そうだとすれば，1875年説にも1877年説と同じ程度に，確かに捨て難いものがある。

　こうなると，1875年説と1877年説のどちらを選ぶか，迷わざるを得ないが，最後は，まったく私の勘で，徐自華を除いてすべて秋家一族から出ている1875年説を捨てて，1877年説を選んだ。しかしその勘の裏には，「秋瑾は普通の女の子であって欲しくない」という，私の心情が働いていたのかも知れない。

　なお私の論文の最大欠陥は，蘭譜，忌日牌，留学生会館報告など，重要史料の現物を見ていない点であるが，見たところで結論に大した変りはあるまいと，自らを慰めている。

Ⅳ　おわりに

　秋瑾の生年を私は1877年といったが，それはやむを得ずいったまでであって，ほんとうのところをいえば，1875年と比べてどちらがいいのかわからない。

秋瑾の生涯には，生年や結婚，泛東海歌のほかにもわからないことが一杯あって，それを例示すれば，

1) 生地：福建省の何処か？ 閩侯，同安，雲霄の何れかという人が多いが，浙江省の紹興に生まれたという説も，最近になって現れる。
2) 入京：1903年から翌年にかけて，北京に住んでいたことは明らかだが，その前にも北京に来ているはず。1900年の義和団事変の時に北京にいたか，否か？
3) 王廷鈞の捐官：秋瑾が北京に住むようになったのは捐官，即ち金で官職を買ったからであるが，その官職は戸部郎中とも，戸部主事，工部主事ともいわれていて，何れだかわからない。1903，1904年の『大清搢紳全書』を調べてみたが，戸部にも工部にも，王廷鈞（子芳）の名は見当たらなかった。彼の同僚といわれる廉泉は確かに戸部郎中となっている。
4) 夫婦の仲：王廷鈞はひどい夫で，夫婦仲は悪かったと中国ではいわれているが，服部繁子の思い出によれば，やさしい夫で，日本留学も勧めたという。また秋瑾の初めに行きたかった国はアメリカともいう。これらはほんとうか，嘘か？
5) 日本滞在の期間：日本に2回きているが，その滞日の正確な期間は？
6) 十人会，十人団：劉道一とともに十人会，十人団を作ったというが，この二つの結社は同じものか？ その性格は？ 横浜の三合会との関係は？
7) 光復会，同盟会への加盟：同盟会の成立時（1905年8月20日）に加盟していたか？ 光復会に入ったのは，同盟会より先か後か？
8) 逮捕：清軍に逮捕された時，秋瑾は銃をもって抵抗したのか？ 何もせず，おとなしく縛に就いたのか？
9) 「秋雨秋風愁煞人」の7字：秋瑾がほんとうに書いたものか？ 巾幗英雄の絶命詞としては哀れにすぎないか？ 多くの人は真物とみるが，疑問視する人もいる。
10) 就義の日：ほとんど7月15日（旧暦6月6日）に一定しているが，最近になってまた7月14日説を唱えるものが出てきた。

等々である。

　これらのうち3, 4を除けば，何れも中国の学界で論議されてきた問題である。勿論，中国においても，日本や西洋と同じように，秋瑾の思想についての関心は強く，特にそれが真の愛国献身的なものか？　それとも個人的な英雄主義にすぎないのか？　その思想の限界性は？　等の問題はよく論じられている。しかし中国における秋瑾研究の著しい特色は，これらの大きな問題よりも，さきに掲げたような一見小さな問題の方が，より盛んに論議されている点にある。私はこの点に共鳴して，まず秋瑾の生年を論じたわけである。

　「秋瑾の生年なんて，どうでもいい。問題なのは，秋瑾の思想ではないか」という声もあろう。しかし私にとっての歴史研究は，真実を探究することの楽しみである。その意味では，"秋瑾の生年はいつか？"というのはいい問題だが，"秋瑾思想は個人的な英雄主義か？"という問題は芳しくない。これは真実か否かの問題ではなく，研究者の考え方，主観の問題だからである。

　尤も私は秋瑾の思想を論ずることが無駄だといっているわけではない。私自身もこれに興味をもっている。しかしこの問題は，彼女の残した詩文を読んだだけでわかるものではない。秋瑾の生涯を通じての言論，行動を，時を逐うて明らかにし，それらを総合し，それに基づいてはじめて彼女の思想は論ずることができる。論議の前提になるのは，秋瑾に関する個々の史実を確定することである。それなしに論議を幾ら繰り返しても空回りするばかりで，何の意味もない。中国の学界が，秋瑾の生年，生地や詩文の制作年代など，一見どうでもいいようなことを真剣に論じているのはそのためであって，このような態度に，私たちも学ぶべきであろう。

　史実を確定するための考証は，誰でも納得できるように客観的になされねばならない。しかしそれは理想であって，現実はなかなかそううまくはいかない。私は秋瑾の生年を客観的に決めることはできず，結局，自分の主観にたよるよりほかなかった。これは秋瑾に関する史料が割合に多いのに，いい史料が少ないためであろう。勿論，史料は多いに越したことはない。しかし多ければ多いほど，矛盾するものが多くなって，客観的に結論を出すのが難しくなる。ただ

客観的に結論が出せなかったからといって，真実から遠ざかったとは限らない。史料が一つしかないとか，幾つかあっても同じだと，疑う余地はなく，余程変な史料でない限りそのまま信じてしまう。それは案外に危険で，史料に矛盾の多い方が疑問を起こさせるだけに，まだましなのかも知れない。

　しかしこのようにして得た史実も，たとえ考証の過程に誤りがなかったとしても，ほんとうに真実かということになると，疑問を感ぜざるを得ない。というのは，今日に残されている史料は，本来あるべき史料の中のほんの一部にすぎず，しかも"その人が，その時に，その場で"確かに書いたような史料は滅多に無く，物証というべきものは殆どない。したがって，これによって得られる史実は，妙ないい方だが，真の真実からかけ離れているかも知れず，仮の真実でしかない。結論は仮の真実にすぎないのだから，秋瑾の生年は1877年でも1875年でも，どうでもいいのである。

　私が楽しんでいるのは，結論にいたるまでの過程である。やがて傘寿を迎えようとする年をわきまえて，どうでもいいような結論を得るために，なけなしの金を使ったり，下げたくない頭を下げたりまでして，私は史料を探し回ろうとは思わない。事実この論文で使った文献，史料は，東洋文庫で見られるものばかりである。史料の見残しにも案外に楽しみがある。後で新しい史料が見つかって，それが私の結論を証明してくれるならば，私の推論が正しかったわけであって，その時の喜びはまた格別だからである。(1992. 5. 10.)

附　　　録

I　秋瑾生年に関する史料

1　主要秋瑾伝記・研究書・史料集

『秋瑾伝』中国国民党中央党史史料編纂委員会編　1949　16p.《革命先烈伝記》

『秋瑾』平慧善　江蘇古籍出版社　1984　85p.《中国歴代名人伝叢書》

『鑑湖女俠秋瑾』鄭雲山　上海人民出版社　1984　94p.《祖国叢書》

『秋瑾評伝』鄭雲山・陳徳禾　河南教育出版社　1986　254p.《中国近代人物評伝叢書》

『秋瑾事迹研究』郭長海・李亜彬　東北師範大学出版社　1987　451p.

　　秋瑾事迹系年　秋瑾事迹考（生年　赴京時間　大通体育会　供詞　絶命詞等に関する考証）　秋瑾交友考（陶大均・呉芝瑛・服部繁子・王時沢・馮自由・陶成章・徐錫麟・徐自華等との関係について）　秋瑾佚著考　解放前有関秋瑾著作考，付録（談『秋瑾詩文選』的幾個問題，35年来秋瑾研究専著述評，日本人士対于秋瑾的介紹和研究，解放前有関研究史料目録：報紙・雑志）

『秋瑾年譜』郭延礼　斉魯書社　1983　216p.

『清鑑湖女俠秋瑾年譜』林逸　台湾商務印書館　1985　148p.《新編中国名人年譜集成》

『秋瑾女俠遺集』王燦芝編　台湾中華書局　1958（1929, 1934）　98, 47p.［A］

『秋瑾集』中華書局上海編輯所編　上海古籍出版社　1979（1960, 1962）　192p.［B］

『秋瑾詩文選』郭延礼選注　人民文学出版社　1982　185p.［C］

『秋瑾史跡』中華書局上海編輯所編　中華書局　1958　1v.［D］

　　文稿，詩稿，小説，書簡に分かれる。何れも自筆の写真版。付録に，徐錫麟，陳志軍が秋瑾に与えた書，紹興府檔案中の供詞，等。

『秋瑾史跡』上海古籍出版社編輯出版　1991　1v.［D］

　　前書を改訂増補したもの。蘭譜，徐双韵に贈った絶筆，等がある。

『秋瑾史料』周苾棠・秋仲英・陳徳和編　湖南人民出版社　1981　232p.［E］

　　陶成章「秋瑾伝」，秋宗章「六六私乗」，朱賛卿「大通師範学堂」等33篇。付録に「浙江辦理秋瑾革命全案」，王慰慈・呉小如・張瑞瑩・邵雯・王士倫・史翼の秋瑾生年に関する論文，山石編「秋瑾年譜」。

『秋瑾年譜及伝記資料』陳象恭編　中華書局　1983　133p.［F］

　　秋瑾年譜，秋瑾伝記資料（徐自華・柳棄疾・陳去病・陶成章らの書いた伝記，

回憶，墓表，等），秋瑾著作出版概況，介紹秋瑾的生平及著作簡介，涉及秋瑾作品介紹，紀年秋瑾活動大事記，研究秋瑾文章史料目録索引。

『秋瑾研究資料』郭延礼編　山東教育出版社　1987　708p.《中国近代文学研究資料叢書》［G］

秋瑾生平活動（郭延礼「年譜簡編」のほか，蘭譜をはじめ「鑑湖女侠秋君墓表」「六六私乗」等，親戚，知友，後人の書いた伝記，回憶，研究が，他書に比べて最も豊富。生年に関する論文は，呉小如・張瑞瑩・王慰慈・秋経武・兪観濤・郭延礼の6篇），秋瑾思想及作品研究，『秋瑾集』集外詩輯，悼念秋瑾詩文和紀事，秋瑾研究資料目録索引（1985年までの専書，論文），付録（徐錫麟・呉芝瑛・徐自華・王燦芝の伝記，演説練習会簡章，『白話』目録，実践女学校付属清国女子師範工芸速成科略章啓事，創辦『中国女報』之草章及意旨広告，『中国女報』目録，秋瑾故郷紹興清末民初政治文化単位旧址調査，等）

「浙江辦理秋瑾革命全案」　故宮博物院文献館編（『文献叢編』16・17，1933）

「徐錫麟起義及秋瑾案」（『辛亥革命』3，1957）

「秋瑾烈士為国殉難文檔」中国国民党中央党史史料編纂委員会編（『革命文献』1，1958）

「秋瑾伝・付録」（『革命先烈先進伝』中国国民党中央党史史料編纂委員会編　1965）

『辛亥革命浙江史料選輯』浙江省辛亥革命史研究会・浙江省図書館編　浙江人民出版社　1981　597p.

『浙江辛亥革命回憶録』中国人民政治協商会議浙江省委員会文史資料研究委員会編　浙江人民出版社　1981　270p.

『近代中華婦女自叙詩文選』李又寧編著　聯経出版図書公司　1980　822p.

2　秋瑾生年関係史料一覧（末尾のABC等は，前掲史料集の記号）
(1)　秋宗章「六六私乗」（『東南日報』1934）［EG］
　　【生年1875年11月8日（光緒元年10月11日）】
　　秋宗章（1896－1952）は秋瑾の庶母孫氏の子，即ち異母弟。"六六"とは秋瑾の殉難した陰暦6月6日のことであるから，「六六私乗」は言い換えれば，

「秋瑾案野史」ということになる。姉の殉難27周年を記念して書いたもの。ただ著者は秋瑾の殉難当時、まだ虚齢で12歳にすぎなかったから、自分の記憶によって書いたものではあるまい。関係者の伝承か、家蔵の記録によったのであろうが、何に拠ったか書いてないので、信憑性の判断が難しい。しかしこれでなければわからないことも多い。例えば、結婚の月日や、2人の子供の誕生日のように。

　　　秋瑾の結婚　　　1896年5月17日（光緒22年4月5日）
　　　王沅徳の誕生　　1897年6月27日（光緒23年5月28日）
　　　王燦芝の誕生　　1901年10月7日（光緒27年8月25日）

(2)　　秋氏世系表，忌日牌（晨朶「関于秋瑾的生年，卒歳和生地」『華東師範大学学報』1981-3，秋経武「秋瑾生年為一八七五年」『浙江学刊』1983-2［G］）
【生年1875年11月8日（光緒元年10月11日）】

　秋家には世系表、即ち家譜が伝えられていて、それには秋瑾の「生肖は亥」とか、「生年は光緒元年（1875）」と書かれているという。この家譜を典拠として論ずる研究者は少なくないが、その殆どはこれを見ているわけではなく、他人から聞いた話を史料として使っているにすぎない。しかも家譜は文化革命中に家産とともに没収されたとか（晨朶「関于秋瑾出生年月的一点補充」『解放日報』1981-6-18）、「関于秋瑾的生年，卒歳和生地」『華東師範大学学報』1981-3）、1963年までは秋家にあったとか（丁鳳麟・施宣円「秋瑾烈士究竟生于何年？」『文匯報』1981-6-16）、1949年後もあったが、その後なくなってしまった（郭長海・李亜彬『秋瑾事迹研究』1987）などといわれていて、いま家譜の所在は不明。

　あるいは秋経武は家譜を見ているのかも知れない。その論文「秋瑾生年為一八七五年」の中で、「家譜に基づいて作られた秋学礼—秋家丞—秋嘉禾—秋誉章の忌日牌が、紹興偏門外峽山村の秋宅の客間に掛かっていて、それに秋瑾の生年は、光緒元年10月11日（1875年11月8日）と書かれていた。この牌は1963年に紹興文物管理委員会に寄贈された」という。家譜を見ているなら、何故、家譜を引用しなかったのか、疑問が残るが、「秋氏祖龕や杭州秋社に

ある秋瑾牌位の生卒年月は，家譜や忌日牌の記載と同じ」といったり，秋瑾の妹の秋珵の生年を，家譜を引用して，光緒4年3月1日（1878年4月3日）としているところから見ると，家譜を見ているようにも思える。

なおさきに述べた家譜を史料に使ったという論文は，実は家譜ではなく，忌日牌に拠ったのではないかと思われるふしが多々ある。因みに秋経武の論文の初稿は，1981年8月に成ったとのことである。また彼が引用する秋家歴代の忌日牌の中に，秋瑾の父の秋寿南がおちているのは，単なる誤植か。

(3) 徐自華「鑑湖女俠秋君墓表」(『時報』1908-3-3)[BEFG]
【卒年1907年，33歳（1875, 1874, 1873）】

徐自華（1873-1934）は潯渓女学の経営者。秋瑾は1906年（光緒32年）ここに勤めたが，3ケ月足らずで辞めているので，両人の付き合いは，そんなに長いわけではない。しかし翌1907年，秋瑾の母の葬儀には参列しているし，『中国女報』や光復軍のために献金したり，秋瑾と共に西湖周遊の旅をしている。そして秋瑾の死をいたく悲しんだ徐自華は，1908年のはじめに呉芝瑛とともに，秋瑾の好んだ西湖畔に墓を建て，鳳林寺に400余人を集めて追悼大会を開き，秋瑾を記念して秋社という結社を創った。

「鑑湖女俠秋君墓表」は西湖畔の墓のもので，文は徐自華が作り，字は呉芝瑛が書いたものであるから，史料としての信憑性は，わりあいに高い。それに享年33歳と記されている。秋瑾の殉難は1907年だから，33歳を虚齢としたら生年は1875年となる。当時は享年は虚齢で書くのが一般であるから，これは1875年説の極めて有力な証拠となる。ただ次の(4)で述べるように，呉芝瑛は秋瑾の殉難直後には享年31歳といっていたのに，いま墓表には徐自華のいう通り享年を33歳と書いている。このことから，呉芝瑛は墓表を書きながら，自分が前に享年31歳といったことの非を知ったに相違ないとし，このことを享年33歳の確証とするものがいるが，それは当たらない。何となれば，呉芝瑛はその後も依然として享年31歳と書いていて，自分の非など認めていないからである。きっと墓表には徐自華のいうままに，不注意，無意識のうちに書いてしまったのだろう。

なお前の【　】の中の33歳の次に，(1875，1874，1973)と書いたのは，秋瑾の生年は，33歳が虚齢なら1875年，実齢'か誕生日後の実齢なら1874年，誕生日前の実齢なら1873年となる，ということを意味する。以下，【　】内の年齢後に記した（　）内の数字は，同様に最初が虚齢，次が実齢'および誕生日以後の実齢，最後が誕生日前の実齢として逆算した時の生年である。

(4)　呉芝瑛「秋女士伝」(王貺甫抄本［E］，［G］)，「秋女侠伝」(王燦芝編『秋瑾女侠遺集』1929)［A］

【結婚19歳，享年31歳（1877，1876，1875）】

　呉芝瑛（1868-1934）は安徽桐城の人。すでに述べたように，彼女は新思想の持ち主で，1903年以来，秋瑾と無二の親友となり，姉妹の契りを結ぶ。秋瑾殉難後は，その葬儀，記念の事業に，徐自華とともに力をつくす。

　「秋女士伝」は殉難直後，1907年7月21日の『時報』に載っていて，これには享年31歳とあるとのことであるが，筆者未見。1907年12月の『神州女報』創刊号にも同名の伝記があるが，これには享年は書いてない。ここに掲げた王貺甫抄本の「秋女士伝」には，享年31歳と書いてあるが，いつ書いたかは不明。

(5)　王時沢遺稿「秋瑾略伝」(『湖南歴史資料』1980-1)［G］

【1877年生，結婚19歳，享年31歳（1877，1876，1875）】

　王時沢（1886-1962）は湖南善化の人。1904年，日本の海軍学校にいる間に秋瑾を知り，ともに横浜の三合会に入る。翌年，母が秋瑾の学ぶ実践女学校付属の清国女子師範工芸速成科に入り，寮で秋瑾と同室だったので，彼女のことをよく知っていた。秋瑾殉難直後に書いた「秋瑾伝」(天義5：1907-8-10)，1962年に書いた「回憶秋瑾」(『辛亥革命回憶録』4，1963)［EG］には，共に結婚19歳，享年31歳とあり，虚齢として逆算すれば，生年は1877年となる。王時沢遺稿の「秋瑾略伝」は，1912年に書いた「秋女烈士瑾伝」を，1958年に修改補充したものであるが，これには生年を1877年と明記して，享年31歳が虚齢であることを証明している。

(6)　馮自由「鑑湖女侠秋瑾」(『革命逸史』2，1947)［FG］

【結婚18歳，享年31歳（1877，1876，1875）】

　馮自由（1882－1958）は広東南海の人。日本華僑の出身。興中会，同盟会の領袖で，1904年，横浜に三合会を結成した時に，秋瑾を知る。また翌年，同盟会の創立に尽力し，秋瑾を紹介して，ともに評議部評議員となる。香港，カナダ，アメリカで革命運動に従事，辛亥革命勃発後帰国して，北京臨時政府の稽勲局長になる。その関係で辛亥革命に関する著書が多く，『革命逸史』のほか，『中華民国開国前革命史』，『中国革命運動廿六年組織史』，『華僑革命開国史』等あり。

(7)　陶成章「秋瑾伝」（『浙案紀略』所収，1908成書，1916刊行）［BEFG］

【結婚18歳，享年31歳（1877，1876，1875）】

　陶成章（1878－1912）は秋瑾と同郷の浙江紹興の人。1902年日本に渡って振武学校に学び，革命的傾向を強め，1904年には，蔡元培らと光復会を結成する。翌1905年東京で秋瑾に会ってから，両人は革命の同志として親密になる。秋瑾が蔡元培，徐錫麟らを知り光復会に入ったのは，彼の紹介によるものであり，彼女の浙江における革命活動も，いつも彼に助けられていた。秋瑾が殉難すると，陶成章は南洋に亡命し，ラングーンに『光華日報』を創刊し，彼自身や秋瑾，徐錫麟を中心とする光復会の革命活動に関する記事を連載する。それが『浙案紀略』である。その後，日本を経て中国に帰り，辛亥革命に活躍するが，1912年，上海で暗殺される。もともと会党に勢力のあった人。

(8)　秋瑾口供（紹興府檔案，上海市文物保管委員会蔵）［D］

【享年29歳（1879，1878，1877）】

　秋瑾は逮捕された翌日の1907年7月14日（光緒33年6月5日），獄中で自供書を書くよう命ぜられても，ただ「秋雨秋風愁愁人」の7文字を書いただけといわれている。この口供は，清朝側が自供もないまま処刑したのは冤罪だといわれ，あわてて公表したもので，審問にあたった官憲が勝手に書いたものだろう，とするのが普通である。即ち偽造であるとするのが，大勢である。しかし秋瑾の指紋が押されているのだから，秋瑾も年齢ぐらいは言ったので

はないかとして，これにより生年を考える人もいる。紹興府檔案の影印は『秋瑾史跡』[D]に付録されているが，ほぼ同じ口供は軍機処檔案にもあり，それを活字にしたものは，故宮博物院文献館編「浙江辦理秋瑾革命全案」(『文献叢編』16・17, 1933, 『辛亥革命』3, 1957, 『秋瑾史料』[E])，および国民党中央党史編委会編「秋瑾烈士為国殉難文檔」(『革命文献』1, 1958)の中にある。次に掲げる口供は，『秋瑾史料』所収のものの抄録である。軍機処檔案を紹興府檔案（[ ]内）で補ったもの。

> 拠秋瑾即王秋氏供：山陰県人，年二十九歳。父母都故。丈夫王廷鈞嚮与婦人不睦。婦人于光緒二十九年間与丈夫離別，出洋往日本国游歴，……。後来婦人游歴回華，在上海開設女報館。始于上年十二月間回到紹興，由素識蔡姓邀婦人進大通学堂，充当付設体育会教員。……。六月初四聞有営兵前来捜捕，婦人当即携取手槍並外国皮包，就想逃走，不料兵勇已到，不及逃避，堂内開槍，兵勇們也開槍，就把婦人連槍拿獲，[及論説稿数紙，日記手摺一個。程毅們也被拿獲]解送到案的。今蒙督迅，手槍是婦人的，論説稿是婦人做的，日記手摺也是婦人的，婦人已認了稿底，革命党的事就不必多問了，皮包是臨拿時丟棄在堂，……。是実。

(9) 蘭譜 ([D]補，[G], 王士倫「秋瑾出生年代」『歴史研究』1979-12 [E])
【1904年2月, 28歳 (1877, 1876, 1875)】

蘭譜とは兄弟，姉妹の盟を結ぶときに交わす証書，親類書きのようなもの。これは1904年2月22日（光緒30年1月7日）秋瑾が呉芝瑛に渡したもので，次の通り。

> 同心之言
>
> 秋閨瑾：字璿卿，号旦吾，浙江山陰県民籍，年二十八歳，十月十一日卯時生。適王。
>
> 曾祖：家丞。祖：嘉禾。父：寿南。母：単氏，現年六十歳。兄：現名誉章，字徠稷，派名応奎。妹：閨珵，字佩卿。弟：宗章。姪三：錫辰，甲，撰。姪女二：慕芬，昭。子：派名元徳，名源深，字仲瀛，号艾潭。女桂芬，字燦之。

跨馬担簦，乗車戴笠，貴賎不渝，始終如一。
　紫英仁姉大人　　　　同心恵存
　　　　　　　　　如胞妹秋閨瑾頓首拝
　　　光緒甲辰元月。訂文字之交於京師旅次。

　この蘭譜は，もともと呉芝瑛が持っていたもので，1912年，秋社の同人が杭州西湖畔の鳳林寺で開いた秋瑾殉難の紀念大会に初めて展示された。今は浙江省博物館分部に蔵されているという。その信憑性については，秋瑾の親書だから信頼できるとするもののいる反面，親書に相違はないが，本来蘭譜にあるべき生年，生肖がないから信用できないとか，秋瑾の落款はあるが，あれは彼女の書いたものではない，呉芝瑛の書いたものだ，というものもいる。

(10)　泛東海歌（[BC],「浙江辦理秋瑾革命全案」[E]）
【27歳（1877, 1876, 1875），1903年の作】
【27歳（1878, 1877, 1876），1904年7月前後の作】
【27歳（1879, 1878, 1877），1905年7月前後の作】
　　　登天騎白龍，走山跨猛虎，叱咤風雲生，精神四飛舞。
　　　大人処世当与神物游，顧彼豚犬諸児安足伍，
　　　不見項羽酣呼鉅鹿戦，劉秀雷震昆陽鼓，
　　　年約二十余，而能興漢楚，殺人莫敢当，万世欽英武。
　　　愧我年廿七，於世尚無補。空負時局憂，無策駆胡虜。
　　　所幸在風塵，志気終不腐。毎聞鼓鼙声，心思輒震怒。
　　　其奈勢力孤，群材不為助。因之泛東海，冀得壮士輔。

　これが泛東海歌で，清の官憲が秋瑾を逮捕したとき，押収した所持品の中から出てきたものである。何時つくられたものかは記されていないので，それは内容から判断するよりほかはない。1904年7月か1905年7月の来日前後の作とみるのが妥当のように私は思うが，来日前の1903年の作とみることも不可能ではない。したがってこの詩によって秋瑾の生年を決めようとすると，1875～1879年の5年間なら何年でもいいということになってしまう。この詩

を秋瑾の生年を判断する決定的な史料とするのは無理である。なお詩題は「革命全案」がつけたもの。

(11) 清国留学生会館第五次報告・同学姓名調査録（浙江省図書館所蔵，参考：郭延礼『秋瑾年譜』1983，郭長海・李亜彬編『秋瑾事迹研究』1987，浙江省辛亥革命史研究会・浙江省図書館編『辛亥革命浙江史料選輯』1981）

【27歳（1878，1877，1876），1904年現在】

　　留学生会館報告は現在，第五次までの存在が知られている。

　　　　第一次　壬寅（1902）1月―壬寅8月，9月刊。

　　　　第二次　壬寅（1902）9月―癸卯2月，3月刊。

　　　　第三次　癸卯（1903）3月―癸卯9月，10月刊。

　　　　第四次　癸卯（1903）10月―甲辰3月，4月刊。

　　　　第五次　甲辰（1904）4月―甲辰10月，10月刊。

　　私はその一つも見ていないが，会館大事記，留学生同瀛録（同学姓名報告，同学姓名調査録）や，会館所蔵の図書・雑誌目録などから成っているという（魯迅博物館編『魯迅年譜』1981）。このうち第二次報告の同学姓名報告は，房兆楹編『清末民初洋学生題名録初輯』（1962）に影印されているし，第三・四・五次報告の姓名調査録の浙江関係部分は，浙江省図書館等編『辛亥革命浙江史料選輯』（1981）に抽出されている。これらと，郭延礼，郭長海ら中国論文の記述とを併せて，姓名調査録の編輯過程を考えると，次のようになる。まず，会館内に題名簿1冊がおいてあって，新来者は自分でこれに，姓名，年齢，籍貫，着京年月，費別，学校及科目を記入する。会館では，ほぼ半年ごとに，これを材料にして調査録を編集し，会館報告の一部として刊行するのであるが，人名の排列は，題名簿の記入順でも着京の年月順でもなく，学校別に1，2ケ所になるべく集め，最後の方に日語講習所，預備入校をまとめたようである。一番問題なのは，年齢は何時現在（記入時か，編輯時か）なのか，虚齢，実齢，実齢の何れなのか，という点であるが，残念ながら私にはわからない。あえて私が得た感触をいえば，題名簿に記入する年齢の数え方は記入者の自由だが，編輯者は虚齢と思い，これを基にして刊行時の

年齢を定め印刷したのではないか。というのは，浙江出身者だけのことだが，ほとんどが第二，三次が同一年齢で，それに1を足したものが第四，五次の年齢になっているからである。そうだとすると，調査録にあらわれている年齢は，実齢ではなく，虚齢か実齢′とみるべきであろう。もっとも年齢をごまかして書く人もかなりいたようで，『清末民初洋学生題名録初輯』に序文を寄せた胡適は，「入学関係から，年齢を虚報する場合が往々あった」といい，また晨朶は「秋瑾生年再弁」(『辛亥革命史叢刊』4，1982) において，「女性の場合には年齢を若くいう人が多い，例えば何香凝も22歳といっている」という。何香凝は1878年6月27日に生まれたとされているから (暨南大学歴史系等編『紀念廖仲愷何香凝』1987)，虚齢なら27歳，実齢′なら26歳となり，4，5歳も若くいっていた，ということになる。

秋瑾の含まれている調査録は，光緒30年 (1904) 4月から10月15日までの留日学生名簿で，同年10月26日に発行された。彼女に関する記録は次の通り。

　　　秋閨瑾 (璿卿)，27，浙江山陰，30年5月，自費，預備入校。

(12) 秋瑾の談話 (服部繁子「秋瑾女士の思い出」『東西交渉』1-3，1982-9)
【27歳 (1878，1877，1876)，1904年2月現在】

1904年2月，秋瑾が第2回の婦人談話会に出席したとき，服部宇之吉の妻繁子 (1870-1952) に語ったところによると，「夫は浙江の資産家で，私より2つ年下の25歳，4歳と5歳の子供がいる」とのことである。ただ浙江は湖南の誤りであるし，2人の子供が1歳違いという史料も，中国には見当たらない。また服部はこの文の別のところで，秋瑾が1907年に亡くなったとき29歳であった，といっているが，それは，ここで1904年に27歳というのと矛盾する。したがって秋瑾が服部に語ったという年齢は，あまり当てにならない。ただここに書かれていることは，中国の史料に見られないようなこと，中国の史料と違っていることが少なくなく，真偽のほどは別としても，一考に値するといってよかろう。したがってその一部を末尾に付録した。参考にされたい。

なおこの文が最初に発表されたのは1951年の『中国語雑誌』6巻1-3期

である。服部がこの文をいつ書いたのかはっきりしないが,「秋瑾女士の思い出」に解説をつけた増井経夫は,大正年間(1912-1926)に書いたものであろうという。

(13)　神戸着(「北京帰客と大学生」『大阪朝日新聞』1904-7-3)

【28歳(1877,1876,1875),1904年7月2日着】

　　これは秋瑾が,服部繁子や京師大学堂教習高橋勇らとともに,神戸に着いたときの記事で,その中に秋瑾は28歳と記されている。

(14)　徐双韵「記秋瑾」(『辛亥革命回憶録』4,1963)[G]

【生年1875年11月8日(光緒元年10月11日)】

　　徐双韵(1887-1962)は徐蘊華,徐小淑ともいう。徐自華の妹で,秋瑾が潯渓女学で教師をしていた時,生徒であった。その後,上海の愛国女校で学んでいたころ,秋瑾の編集していた『中国女報』の発行を手伝った。秋瑾に可愛がられた女の子で,この回想録は,彼女が1959年に書いたもの。1906,1907年,彼女が実際に秋瑾に接していた頃の記述は面白いが,その他は「六六私乗」,『浙案紀略』など,既刊の論著によりまとめたもので,回想というよりも研究といった方がいいかも知れない。生年はおそらく「六六私乗」によったものであって,独立した史料としての価値はあるまい。

　　秋瑾が殉国前5日の日に,彼女に贈った絶筆を次に記しておく。

　　　　痛同胞之酔夢猶昏,悲祖国之陸沈誰挽?　日暮窮途,徒下新亭之泪;
　　　　残山剰水,誰招志士之魂?　不需三尺孤墳,中国已無干浄土,好持一杯
　　　　魯酒,他年共唱擺侖歌,雖死猶生,犠牲尽我責任;即此永別,風潮取彼
　　　　頭顱。壮士猶虚,雄心未満,中原回首腸堪断!

(15)　周亜衛「光復会見聞録」(『辛亥革命回憶録』1,1961)

【32歳(1875,1874,1873),1906年現在】

　　周亜衛(1889-1976)は浙江嵊県の人。1906年(光緒32年),杭州にあった中級士官学校ともいうべき弁目学堂の学生であったが,秋瑾に勧められて,光復会に入った。そのとき彼女は32歳であったという。

　　回想録全体を疑うわけではないが,秋瑾に会った時,彼女は32歳であった

と，60年も前に会った人の年齢をほんとうに記憶していたのだろうか。私はむしろ，(1) 秋宗章「六六私乗」にいう生年1875年か，(3) 徐自華「鑑湖女俠秋君墓表」にいう享年33歳から，机上で計算したものではないかと思う。

(16) 孫氏口述（郭長海・李亜彬『秋瑾事跡研究』1987）
【83歳（1875, 1874, 1873），1957年現在】

　孫氏は秋瑾の父，寿南の妾で，秋宗章を生む。彼女は1957年，82歳のとき，「私は20歳のとき秋家に来た。秋瑾は1歳年上の21歳で，24歳のとき結婚した」と語ったという。孫氏のいう年齢を虚齢として計算すれば，秋瑾の生年は秋宗章「六六私乗」のいうように1875年となる。秋瑾は24歳のときに結婚したというから，1898年に結婚したことになるが，秋宗章は孫氏が秋家に来た翌年の1896年に結婚したという。"翌年"というのは，"3年後"とか，"24歳"というよりも記憶に残りやすいと思われるのに，何故それを孫氏は間違えてしまったのだろうか。82歳の孫氏の記憶には，疑問を感ぜざるを得ない。

(17) 張淳芝の言（秋経武「秋瑾生年為一八七五年」『浙江学刊』1983-2）[G]
【享年33歳（1875, 1874, 1873）】

　張淳芝は秋瑾の実兄，秋誉章の妻で，秋瑾より6歳の年上，1955年に没する。秋経武は次のようにいっている。「秋瑾の誕生日や命日に彼女は我々に，"父の秋寿南は，秋瑾を骨相から占って，33歳で死ぬといっていたが，その通りになった"とよく話してくれたことから考えると，彼女は秋瑾が33歳で殉難したと思っていたに違いない」。しかしこれは間々接の発言で，信憑性は低い。

(18) 王炎華の談話（胡安権「王炎華談她的外祖母秋瑾」『人物』1980-3）
【生肖は虎，即ち生年は光緒4年戊寅（1878），妹秋珵の2歳年上】

　王炎華は王燦芝の子で，秋瑾の孫に当たる。これは王炎華が上海で小学校の教師をしていたころの教え子，胡安権に語ったもの，しかも生肖であるから，信憑性はわりあいに高いはずである。しかし秋経武「秋瑾生肖非虎：王炎華的更正」（『浙江学刊』1984-1・2）によると，彼女自身が祖母の生肖を知っていたわけではない。秋瑾の妹で2歳年下の秋珵の子，王慰慈に聞いた

ところを話したのだという。ところが王慰慈は、自分の母、秋珵の生肖を聞かれたと思って、虎と答えたのだ、と秋経武に語っている。1878年戊寅に生まれたのは、妹の秋珵だったのである。

(19)　周姓老人の談話（呉秀峰・張瑞瑩「関于〈秋瑾烈士生年考〉的補充」『文匯報』1961-12-10 ［EG］、邵雯「秋瑾出生年代初考」『歴史研究』1978-11 ［E］）

【1879年（光緒4年）旧暦9月誕生】

　1961年、雲霄に住む96歳の周姓老人が語るところによると、「秋瑾の祖父、秋嘉禾は、1878年（光緒4年）署理雲霄庁同知となり、翌年の旧暦9月に女の孫が生まれ、瑾と名づけた」とのことである。即ち、秋瑾は1879年に生まれたという。ところが郭延礼が政協雲霄県委員会に問い合わせたところ、1981年10月に2通の返事が来た。1通は、「この地方では、10歳以下の女の子は、みな嬧嬧とか、嬧仔と呼んでいる。嬧と瑾とは同音なので、1879年に生まれた女の子、嬧嬧を、誤って秋瑾としたのだろう」、もう1通は、「頭書論文の筆者の一人、張瑞瑩は、周姓老人は女孫の名前を何とも言ってはいない、と語っている」といった趣旨のもの、との事（郭延礼「関于秋瑾生年的再探討」『浙江学刊』1983-2 ［G］）。したがって郭延礼は、1879年に生まれたのは、秋瑾ではなく、妹の秋珵であろうとしている。1879年が秋珵の生年とすれば、王炎華は「秋瑾は秋珵の2歳年上」といっているから、その生年は1877年、ということになる。

　この話は、1865年頃に生まれた老人が、13、4歳頃に見聞したところを、80年以上もたった時に語ったものだから、ほとんど信頼するに当たらない。

　以上、秋瑾の生年に関する史料19件を羅列してみたが、史料的価値が高いといえるようなものは、ほとんど見当たらない。しかし(13)までの史料、すこしく厳しくいえば(11)までは、一考に値する史料であって、もしこの中に、自説に矛盾するような史料があったら、何故それをとらないかを説明する要があると、私は思っている。(14)以下の史料は、問題にしなくていいのではあるまいか。老人に昔のことを聞くのが、最近ははやっているが、回想録ととも

に，そういうものは余り信用できないような気がする。時勢，あるいは質問者に誘導されてしまうことが，往々にしてあるからである。"故意に史料が創られてはいないか"ということは，いつも頭にいれておく必要があろう。

II 抄録・秋瑾女士の思い出

服部　繁子

(『季刊・東西交渉』3号，1982-9-15)

三　惑星現わる

　二月のある日，今日の談話会は欧陽夫人（京師大学堂教習欧陽弁元夫人）の宅に集まるのである。四方の書架には書物が積んである。広くない室であるが，きれいに片づいていて，卓上には花をさした花瓶がおいてある。春のはじめといいながら，昨夜から朔風のような寒い風が吹きすさんで，おりおりは窓の戸をたたいているが，室内には日が一杯にさし込み，炉には炭火が赤々と燃えて，ほんとうに暖かい。だが今日の集まりの少ないこと。差し支えが多いとて，常連の二，三の顔も見えず，欧陽夫人，呉芝瑛夫人と陶大均夫人母女と私とぎり。「しかしこれもよい。真の心友というべきですが，余り少数で，師母に申しわけがない」と欧陽夫人がいう。いつもの通り先ず中国の書物を読んで，それから和書というと大げさだが，高等女学校一年程度の書物を読み，それについて質問したり，随意に談話したりするのである。読書がすんで談話という時に，Y頭（Y頭は年少の女中）がそーっと入って来て，夫人に何か低声でささやくと，夫人はちょっと考えてから，私に一礼して起った。

　やがて夫人はかえって来たが，ちょっと眉をしかめて，むつかしい顔。そして「私の親友が唯今まいって，入会したいと申します。お許し下さいますか」。私は何の気もなく，「エエ悦んで……お目に懸かりますよ」。夫人は一礼して，その親友を室に連れて来た。

　ところが思い掛けないこと。私の前に現われたその親友は，果たして女か男

か？　スラリとした長身を少し前かがみにし，ふさふさした緑の黒髪を散髪にした洋風の男装。青色のハンチング帽を横さまにかぶって，半ば耳をかくしている。藍色の中古の背広服，それが何と身の丈に合わないこと。袖のゆきが余り長くて，袖口から白いきゃしゃな手がちょっと見えるだけなのに，細いステッキを握り，ダブダブした太いズボンの下からは，ふるぼけた茶色の靴がのぞいており，胸には緑色のネクタイがダラリと下がっている。これは誰？　顔の色は青いほど白く，大きな眼，細い鼻，薄い唇，ほっそりした身体。いわば一箇の瀟洒たる好青年が私の前にツツと立った。呉夫人は苦い顔。欧陽夫人は少しどもって私に，「師母，この人は私の朋友」といわせもはてず，好青年は「王秋瑾」と叫ぶようにいう。私は手をさしのべて握手をした。呉夫人はさしうつむきながら，私に「師母！　お怪しみ下さいますな。この人は我々の朋友の王太々でございます」という。さてはやりの男装の女子。呉夫人はこの人の顔をジーと見て，「師母に敬礼」と命ずるようにいうと，この男装の婦人はニッコと笑って，ステッキをカラリと投げ，私の前に半跪の礼をする。私は両手で扶け起こして，私の隣の席に就かせた。言葉は浙江の音で，早口なことおびただしい。おりおり難解な言葉があると，欧陽夫人が通訳をする。私はまず中国の慣例に依り，どこにお住まいですかと問う。男装の美人は早口に「前門外」という。欧陽夫人は，「この太々（太々は夫人）の良人は前門外の大きな商店の持ち主でございます。この太々は大層読書が好きで，なかなか学問があります」という。この男装の婦人は遠慮してか，私に余り談話を交じえないで，二夫人とボツボツ話す。三人とも南音だから，おりおり解らぬ。しかしどうも，東京に居る留学生から来たある通信についての批評らしい。頗る尖端をゆく思想。呉夫人は苦い顔。欧陽夫人は私の顔色を窺って，この婦人に目くばせをする。陶夫人は姑娘と先刻，席をはずしたままだ。私は椅子によって瞑目し，声ひくく詩を吟じていた。

　　呉夫人はこの太々に，「妹々（中国では友人間でも年下の人を妹々とよぶ），今日は談話会です。已に入会した上は，師母に教を請うべきです」という。王太々は点頭いて，私の顔を見ながらいう，「敢えて教を請いますが，夫人は保守派

ですか，革新派ですか？」なるほどこの婦人としては適当な問いだ。私は思わずニッコリした。「イヤイヤ，私は孔子の徒です」。婦人はつぶやくように，「孔子の徒！　それではエエと，"女子と小人は養い難し"の徒ですね」と叫ぶ。二夫人は心配気に私を見る。私は又この婦人に対し，どういうわけか得意になった。

　「そう！　孔子の徒。孔夫子が"女子と小人は養い難し"といわれたその女子には，別の意味があるのだそうですが，この一言は他の意味において，一種の格言ともいえましょう。現代でも"女子無才是徳"といって，女子に学問があるのは，害が多く益が少ないと申しますが，それは婦人のために侮辱でもあり，また頂門の一針ともいえましょう。願わくは，左様な事をいわれぬよう修養すべきでしょう。いつも私は，中国婦人の勇気あり，また学問を好まれることに感佩しています。ですから，かかることを申すのです。我々はみな婦人同志ですもの。国境を越えて，同病相憐れみ同胞相愛さねばなりません。ですから始めてあう貴女にも，敢えて好意をもって申すのですよ。」王太々は口の中で何かいっているし，欧陽・呉の二夫人は，私に向かって頻りに点頭している。

四　ほのみゆる心の中

　窓をへだてて見える城壁の上の柳の色も，やや青みゆく二月の空，風もなくのどかな午後，私の居室のストーブの前に，私と王秋瑾女士と対坐している。先日の約束により，今日私を訪うた秋瑾さんは，先日とは違って落ちついている。服装は先日の通り，藍の背びろのダブダブ服。私は心おきないようにもてなしている。見れば見る程，ほんとうに南方型の嫋嫋たる美人。あの林黛玉を長身にしたような趣き。ちょいちょい身をくねらせる癖があるのが，この美人に似合わしい。

　「秋瑾さん，貴女の名をきくと，そぞろに白楽天の秋槿の詩を思わせます。この詩は婦人の悲哀を思わせますが，貴女はそれとはちがって，幸福ね」と私がいうと，「エエ，私の名はその詩からとったらしいのですが，あとから槿を

瑾と取りかえたのです」と秋瑾さんはいう。今日は真に話がし好い。私は言う,
　「秋瑾さん，貴女が男装，しかも洋服を着ているのは，どういう主意から来ているのですか？　大体私は想像していますが，当るか当らぬか，貴女の意見をきかせて下さい。」
秋瑾さんは白い顔をちょっと輝かせて，薄い唇をゆがめた。
　「私の男装の趣旨！　それは夫人も御存じの通り，中国では男子が強く女子は弱かるべきものとして圧迫され通し。私はどうか男子の強い心になりたい。それには先ず形を男子にすれば，心まで男子になると思います。それに辮髪は夷族の風で，中国人のすべきものではない。それで私は洋服を着るのです。夫人，そうではありませんか。」
私はやさしく点頭いた。「それで貴女は希望の通り強い上にまた強い人になったのね」。秋瑾さんは「そうです」と少しはずかしそう。私は気の毒な心持ちで彼女をながめた。
　「私の意見は貴女と少しちがいます。女子として生れたとて，決して男子に劣る筈はない。人としては同等です。同権とはゆかぬが，孔夫子が孝を説かれるにも，父にのみ孝なれとはいわれず，父母に孝なれと並びいわれたのは，即ち家庭における男女同権といえましょう。貴女の男装の趣旨は，稚気に富んでいます。男子が羨やましいから，せめてその形態でも真似しようという事，むしろ卑屈と思われます。男子の服装をしたところで，身体の組織をとりかえる事はできない。女子はどこまでも女子で少しも恥ずる事なく，正々堂々とふるまって，男子をして敬慕させるのです。」
私がこういうと，秋瑾さんは眼を見張って私の顔を見る。やがて例の口をゆがめて，「夫人の説は一理あります。しかし私は，私の意見はまげない」。私は点頭づく，「それが好い。それは貴女の随意です。時に秋瑾さん，貴女の家庭の事をききたい」というと，秋瑾さんはボーッと顔を輝かした。その語るところによると，良人は同じ浙江の財産家で，秋瑾さんとは二つ歳下の二十五歳，二人の間には五歳と四歳の幼児がある。その歳下の良人は，実に善良な温和な人で，秋瑾さんの意志も行動も自由にして，少しも拘束しないそうな。私は秋瑾

さんの手をとってほほえんだ。

　「では秋瑾さん，貴女の家庭では，貴女が男で，良人が女ね。ほんとうに貴女は平和な家庭の女王。否々，女神です。中国には"怕老婆"という諺もあって，おりおり家庭に威力をふるう女神がありますが，貴女はその模範で，貴女の良人は貴女という女神崇拝者ね。」
というと，秋瑾さんは，その円い眼をグルリと見張った。

　「エエ夫人！　私の家庭は必要以上に平和です。私はこの無用の平和に，物足りなさと，倦厭の情を感じます。良人がもっと強暴であってほしい，強暴で私を圧迫してほしい。なぜなら，もしそうならば，私はもっと強い決心で男子に対抗するものを……。否々，私一人のことではない。すべての婦人のため，私は男子を屈服させなければならない。夫人！　私は男子でもできないようなことがして見たい。」
私は一種可哀そうな心持ちで彼女を見た。

　「秋瑾さん。貴女は余りにも空想にふけり理想に飢えている。家庭は児戯ではない。良人が強暴であれば好いなどとは，家庭婦人を嘲笑することになります。男子は強いのが本分ですが，ある時は弱く，女子は弱いのが本分ですが，ある時は強い。女子はどこまでも女子としているのが強いのです。あなたがしして男子に勝とうとするのは，却って弱い本分をあらわすのです。」
というと，秋瑾さんは例の口をゆがめて，

　「しかし夫人，私は何の意気もなく生きているのに堪えられません。私は男子に勝とうとする強さをどこまでも押し通します故，どうぞそのつもりで教えて下さい。」

彼女はまたいう，「夫人，敢えて教えを請いますが，革命ということについてどういう御意見ですか」。私はジーッと彼女を見た。「革命！　秋瑾さん。わが日本国は，万世一系の天子を戴く国です。革命という声を聞くのもいとわしい」と，私はほんとうに苦い顔。秋瑾さんは手を握って，「イヤイヤ，日本の国をいうのではありません。わが中国で夷族を天子に戴いているのは，卑屈だと思うのですよ」とニッコリする。私はここで話を打ちきったが，この婦人に

過激の思想があるのを見た。革命という思想は，おりおり中国に流れる一種の流行病。この婦人もその流行病に罹っているらしい。

五　塵の中にも花は咲く

　四，五日経つと，私は秋瑾さんの請いにより，その家を訪問した。前門外の浙江会館の傍の商店街の端の家。官人たちの堂々たる邸宅とはちがって，門もない簡素な住居だ。秋瑾さんは今日は女装で，黒の衣に茶色の裙子をはいて，小さな繡靴を践んで出迎える。今日はほんとうに王太々と見えた。書架には書物と衣類とが無造作に束ねてあり，爪子児や果物の皮などが，室の隅にちらかっていて，異様な臭いがする。余り清潔とはいえない。秋瑾さんについて，その良人が出て来た。年齢より少しわかく見える白面の青年。見るからに気の毒らしいほど温和な家庭青年。さもはずかしそうに拝々の礼をする。秋瑾さんが何か低声でいうと，良人はまた一拝して立ち去った。外出したらしい。

　秋瑾さんはにこにこしながら，「満人の官人の家から見れば，ほんとうの小屋で，きれいではないでしょう。しかし塵の中にも花は咲く」という。(中略)

　秋瑾さんはかねがね，米国に憧れ，今年の内には渡米がしたく，英語を学んでいるという。そしてこの渡米は良人も承知しているそうな。私もこの米国行きは，この人にあいそうな事だと思って賛成した。(後略)

六　まだ見ぬ国の憧れ

　(前略) 今日も秋瑾さんが来ている。白のセーター服に角帽を被った颯爽たる好青年。私と同行 (服部が帰国するので，横浜まで同行，秋瑾はそこから米国へ) するのが嬉しいと，頻りににこにこしている。私は「秋瑾さん，貴女は米国に行って何を研究するのですか」と問うと，秋瑾さんは我が意を得たりとばかり，「私はね，法律を学ぶつもり」という。私は，「それも好かろうが，貴女は米国に行って，婦人問題をよく研究したら如何？　中国の家庭には婦人が多すぎる。それは古来からの事ではあるが，現代に於ては，家庭の平和からも経済の上からも無益のことと思う。これは改良の必要がある。米国は人権の発達している

国であろうから、この問題を研究するにはちょうどよいでしょう」というと、秋瑾さんはジーッと私の顔を見て、

「私はね、家庭問題なんか沢山よ。そんなこと研究するのはつまらない。私の国では皺が尊敬される。白髪が崇拝される。それにはとても対抗ができない。そんな事に関係していては、こっちまでかびが生える。私は何か男子を瞠若させるような、アッといわせるような事がして見たい。」

という。私は思わず笑い出しながら、心ではハテナと思った。「貴女のいいそうな事ね。秋瑾さん、貴女はあまりに名誉心に渇いている。自分で自分を詩に作りすぎる。貴女のいう、アッと人を驚かすようなことは、大体良いことではないようだ」というと、彼女は頭をふっていう、「太々、私は時々そういう気がする。しかし悪いことはしません」。私が「貴方が悪くない事と思ったことでも悪いことかも知れない」といえば、二人とも笑う。

ややあって彼女は、「太々、私はかねがね米国に行くことを希望し、今でもそうは思っていますが、このごろ少し気が変わって、日本の東京に行きたいと思うのです」という。私は意外のような、否々、時にもしやと思ったことが当たったような心持ちだ。秋瑾さんはいつもと違い、モジモジしながら、

「私がどうしてそういう気をおこしたか、自分でも問うて見たい。あれ程熱心に希望していた米国行きを日本にかえようとは！ それは恐らく太々、貴女と交友してからおこった気持ちでしょう。太々と私とはまるで主義がちがうのに、私は太々を愛し、太々も私を愛してくれる。ちょうど火と水と、その性質はちがいながら、人に及ぼす利害が似ているようなもの。私は今まで日本婦人を知らず、何の興味も持たなかった。私は日本婦人どころか、日本を多少見くびっていた。しかるに太々と交友してから、日本に行ってみたいと思うようになった。太々、私を東京に、留学に連れて行って下さい。」

と、頗る真面目だ。私はやさしく、

「貴女が東京に留学したいという。それは、私も希望すべきだが、私はむしろ不賛成だ。わが日本は、今なお貴女の嫌う皺を尊敬し、白髪を崇拝する。それゆえ貴女には不適当だ。貴女はやはり米国に行くがよい。但し米国だか

らとて，貴女の主義にあてはまるかどうか判らない。とにかく日本留学は，私は不賛成だ。はじめの通りになさい。」

こういいながらも私は心の中で，こういう婦人を東京に連れて行って，よく教育したならば，有意義ではあるまいか，などと思って見る。この日は秋瑾さんも決心せずに別れた。

（未刊行稿2）

西洋人の見た天京事変

はじめに……………………………………………… 135
（A）鎮江と天京：一西洋人の談話 ……………… 137
（B）E. C. Bridgemanの雑信 ……………………… 159
（B附）金陵近事 …………………………………… 165
（C）J. Macgowanの雑信 ………………………… 167
おわりに……………………………………………… 176

はじめに

　天京事変というのは，1856年9月（咸豊6年8月）から翌57年6月にかけて天京で起こった太平天国首脳間の権力闘争のことで，楊韋事変，楊韋内訌などとも呼ばれる。
　1853年3月，洪秀全の率いる太平天国軍は南京を占領して，ここを首都と奠め，天京と命名したが，それから3年ばかりの間が太平天国の良き時代であった。北京を目指した北伐は失敗したが，西征は成功して，安徽省の安慶・廬州，江西省の九江・南昌，湖北省の武昌・漢口・黄岡等を取り，鎮江から武漢に至る長江流域の広大な地方を，太平天国はその領土に収めた。そして1856年6月には，1853年以来，天京を監視，威脅しつづけていた清の江南大営を潰して，太平天国は繁栄の絶頂に達したかに見えた。しかしそれも束の間のこと，3ヶ月もしないうちに，首脳間に血みどろの争いが起こったのである。
　太平天国初期の首脳といえば，天王洪秀全・東王楊秀清・西王蕭朝貴・南王馮雲山・北王韋昌輝・翼王石達開・頂天燕秦日綱（もと燕王）・護天豫胡以晄

（もと豫王）の8人を指すが，蕭朝貴・馮雲山の2人は天京に入ることなく戦死したし，胡以晃は1856年の春夏の候に病死しているから，天京事変中の首脳は，初期の8人から洪秀全・楊秀清・韋昌輝・石達開・秦日綱の5人に減っていた。いうまでもなく洪秀全は太平天国の君主であって，他の4人はその臣下にすぎない。しかし不思議なことに，5人のうち最高の権力を持っていたものは東王楊秀清であって，政治においても軍事においても，韋昌輝・石達開・秦日綱は勿論のこと，天王洪秀全さえも楊秀清のいう事に背くことはできなかった。楊秀清がそんな権力を握り得たのは，勿論その才能にもよるが，天父下凡附体という巫術を演じ，それが天王洪秀全によって是認されたからであろう。これは，唯一神である天父上主皇上帝，即ち天父が地上に降りて，東王楊秀清の体にのりうつり，その口を借りて命令を出す，というのである。

このような状況を背景に，天京事変は起こった。先ず最高の権力者と思われる東王楊秀清が，突如として殺された。次いで北王韋昌輝と頂天燕秦日綱が殺された。そして最後に善後処理のため入京した翼王石達開が，これまた突如として，精鋭の大軍を率いて，天京から脱出し，再び洪秀全と事を共にすることはなかった。即ち，事変前にはまだ5人いた太平天国起義以来の首脳が，事変中に4人をうしない，天王洪秀全ただ独りとなってしまった。これに呼応するかのように，事変に至るまで上昇線を描いてきた太平天国の勢力は，事変後になると俄かに下降線をたどるようになってしまった。

このような天京事変にたまたま遭遇した2人の西洋人がいる。Cannyと呼ばれているスコットランド出身の船乗りと自称アメリカ人の2人は中国にきて，初めは清軍に入って外国船の砲手をしていたが，つまらなくなって方向転換をはかった。彼らは1856年4月に上海を発ち，鎮江にて太平天国の人となって，頂天燕秦日綱の麾下に入り，6月中ごろには天京に至った。ここに居ることはほぼ4ヶ月，秦日綱が蕪湖方面に出征すると，これに従い，やがて天京に戻って，太平天国を去り，鎮江を経て，12月下旬に上海に帰った。この間，天京においては，東王楊秀清に招かれて，その宮殿を訪れ，楊秀清が韋昌輝らに誅殺されたときには，宮殿近くの楊秀清の義兄弟の家に泊まっていて，銃砲の響きに驚

かされたという。またその翌日，天王の宮殿前で行われた韋昌輝らに対する偽装の処刑も，2人は自分の目で見ているのである。以下に和訳する3篇の英文文献は，何れもこのCannyらの見聞に関する記録で，天京事変の全容を最も早く世界に報じたものといってよかろう。

翻訳をするに当って，次のような処置をとった。
(a) 3篇とも，同じパーティーに関する記録と見，そのパーティーを，"Cannyらのパーティー"と名付けた。
(b) 南京はすべて，天京と訳した。
(c) [ ]は原文通り。( )は訳者の注記。
(d) (A)の原文では，8人の首脳を"No."で表しているが，訳文では次のように王侯名，実名を用いた。

　　No.1　天王洪秀全　　　　No.5　北王韋昌輝
　　No.2　東王楊秀清　　　　No.6　翼王石達開
　　No.3　西王蕭朝貴　　　　No.7　頂天燕秦日綱
　　No.4　南王馮雲山　　　　No.8　佐天侯陳承瑢

(B)，(C)の原文では，原則として王侯名，実名を用いている。No.で記された首脳も若干いるが，それは著者に誰を指すのか分らなかったからなので，訳文でもそのままにし，訳者の注として，実名を記した。
(e) 原文の中国人名が不完全なばあいは，これを補い，時には官名もつけた。たとえば，"Keih（吉）"とあるのを，"幇辦江南軍務吉爾杭阿"とした如く。

（A）鎮江と天京：一西洋人の談話

[出典] P. Clarke & J. S. Gregory, *Western Reports on the Taiping*. 1982.
[原載] *Overland Friend of China*, Jan. 15・21・30, 1857.
[所載] C. A. Curwen, *Taiping Rebel*. 1977.
[中訳] 柯文楠・蔡少卿訳「鎮江与南京」（『太平天国史訳叢』2，1983)

　Cannyらのパーティーの一人の談話。筆録したのはE. Reynoldsで，彼は

アヘン船の一等航海士，1853年イギリス軍艦 *Hermes* の天京訪問の際には，その水先案内をしている。

　私は1856年4月に上海を発ち，4日後にGlenlyonに着いて，焦山沖に停泊した。清軍に入った目的を達成することができなかったので，私は太平軍を一寸見てみようと思い，連れのものと一緒に長江の北岸に上陸し，江に沿って瓜州の太平軍の砲台まで歩いていった。すると太平軍のものから「何処から来たのか」と問われたので，「上海から」と答えた。彼らは私が直ぐに帰るものと思って，太平側で出した何冊かの本をくれた。「ここに居たいんです」というと，彼らはとても喜んだ様子だった。我々は砲台の隊長にいわれるままに跪いた。やがて彼は部屋に入り，正装して戻ってきて，テーブルについた。我々はまた跪いたが，通訳がいなかったので，そのほかには何もせず，また何もいわれなかった。夕食時になると，開け放たれたドアのところに小さなテーブルがおかれた。その上には，3杯の飯，3杯の茶と3膳の箸がおかれており，みな立って賛美詩を唄った。やがて隊長は部屋の真ん中のテーブルの前に跪いた。皆のものも彼の後に跪き，二言・三言いって紙片に火をつけ，それが燃えだすと，残りを空中に放り投げた。それから皆は立ち，ドアのところの小さなテーブルは取り除かれ，食事が真ん中のテーブルに運ばれて，皆がこれを食べた。家族の人々が祈禱に参加するようにいわれていながら，若し誰かが欠席して，その理由が満足のいくように説明できないと，家族全員が鞭うたれた。食後に感謝の祈りは捧げられない。それは朝昼晩の毎食前に行なわれるのが普通である。

　上海で反乱を起こした小刀会の人たちと一緒にいた時の経験からすると，太平軍の中におかれている今の我々の状態には不満で，自分たちがいささか哀れにさえ思えた。これを見てとった砲台の隊長は，身振りで我々を激励し，何処でも好きな処を歩きまわって，いろんな仕事を経験してみるようにいった。次の2日間は雨降りで，鎮江からは何の連絡もなかった。3日目になって，1人の兵隊が大きな公文を持ってきて，隊長の前に跪きそれを渡した。隊長は我々に，この兵隊と一緒に鎮江に行くよう命じた。金山で上陸し，そこから太平軍の鎮

江守将の家まで歩いていった。彼は家にいなかった。あるアパートに連れていかれたが、驚いたことにそこで中国服を着た、弁髪だが長髪の、5人のマニラ人に会った。彼らは爽官県健彰の第一快速艇隊から逃げてきた連中で、イタリア人とニグロの2人と一緒になり、この時まで3年間、鎮江にいたのである。最初の5ケ月間は牢獄に入れられていた。マニラ人の中の1人は広東人でないかと疑われ、中国語を話させるために、顔と足に焼き印を押された。彼らは今では太平軍の頭目に非常に気に入られ、同じ屋根の下に住んでいる。また中国人にならって太平天国の宗教儀式に参加し、我々に「誰も結婚することは許されない。女性は老婆の監督下に少年に護衛されて、家の中に閉じ込められている」と語った。誰か兵隊がこれらの女館にいるところを見つかると、直ぐに少年によって頭目に告げられ、調べられて首を斬られる。マニラ人たちは町の死刑執行人でもあって、それぞれ刀をあてがわれた。その中の1人は専ら女性の首を斬っていた。彼らのいうところによると、この2年半の間は食糧が乏しく、鎮江の守備隊員はみな粥しか食べられず、まさにここを撤退しようとしていたとき、羅大綱（頂天燕秦日綱の誤り）が3万の兵隊を引き連れ道を切り開いて、助けにやってきたのである。これまでは守備隊員が全部で1万人にすぎず、500人の女性に提灯を持って出陣させたこともあった。女性だとは知らず、清軍は砲火をひらき、気が付くまでに何人かを殺してしまったこともある。我々がここにいる間に、数百人の女性や少年が瓜州から連れてこられた。

　7日ごとに、我々の水曜と思われる日の真夜中に礼拝が行なわれる。家の長、即ち幾人かを統べる軍官（両司馬、原則として25人を統べる）が部下を召集する。彼らはみな跪いて賛美詩を唄い、やがて長たるものが数分の間、祈りを捧げる。これが終わると、みな立ち上がって各々の寝室に散っていく。翌日、木曜の明け方になると、街幅ほどの白い、真ん中に大きな漢字3文字が縦に書かれている旗が、市の主な街々に掲げられる。この旗の下を通るときは、軍官でも兵士でも馬に乗っていたら、みな馬から下りて通らねばならない。この他には安息日の行事は何もない。仕事を休んではならないし、どんな種類の集会もない（太平天国の慣例では、金曜日に、「明日礼拝、各宜虔敬」と書いた旗が掲げられ、土曜

日の未明に礼拝が行われる)。

　話をもとに戻す。我々は鎮江の守将(呉如孝)の前に連れ出され,跪くと,守将は手で合図して我々を立たせ,何処から来たのかを訊ね,「此処にいたいか,どうか」と問われたので,「上海から来た,此処にいたい」と答えた。すると彼はマニラ人たちに,我々が逃げ出さないよう見守ってくれるか,と聞いた。彼らが「はい」というと,彼は満足した様子で,我々にマニラ人と一緒に住むよういった。次の日,我々は一緒に大部隊で揚州に行き,夕飯を食べて帰ってきた。1人の兵隊には3人の苦力がついている。兵隊も苦力も,みな米を此処から瓜州・鎮江に忙しく運んだ。約3万の男女・子供が1ケ月かかって此の仕事を終えると,更に5日を鎮江で何をするともなく過ごして後,我々3万人は瓜州から北へ1日行程の,城壁のある町に向かった。我が方では2,3人,清側では約30人が傷つくという,1時間にわたる1万の清軍との戦闘の後,この町を占拠した。城門は開いていたので,我々は一方から入り,清軍は他方から出ていった。我が軍のものが巡回して,清軍の数人を倒した。城内の清兵を探し回ったが,住民を傷つけることはなかった。此処には食糧が何も無かったので,夜になって10マイルばかり退き,夜中に土の砦を急いで造った。彼らが如何に早く胸牆を造り上げ自らを衛るかは,まさに驚きである。彼らは正規の工兵隊をもっていたのである。此処に3日残って,近辺にある食糧をすべて集めると,我々は再び15マイルばかり退き,そこに土の砦を築いて10日ばかり留まり,クリークにあった清側の大きなジャンク9隻を焼いた。食糧徴収の部隊はしばしば多勢の清側騎兵に攻撃され,砦の中に追い込まれたので,我が方では彼らを守るために別に部隊を派遣し,勢力を結集してはじめて清軍を追い払うことができるようになった。

　あるとき清軍は不意をついて,米を集めるために出ていた我々の仲間20人を連れ去った。我が方にも約100人の騎兵がいたが,これら太平側の人に私は嫌気がさして,瓜州側にいる間に逃げ出そうと考え,中国服を着ていたので,自分の洋服を取りに鎮江へいった。驚いたことに,翌朝,2人のヨーロッパ人が連れてこられた。私は彼らに「こんなところに来て,お気の毒に」とはいった

が，いま新たに2人の同胞を得たので，太平軍の中に残ることにした。2人を守将のところに連れていくと，我々の場合と同じように「俸給はやれないぞ」といわれたが，我々4人のヨーロッパ人はみな，太平軍と行動をともにすることにした。翌朝，大部隊とともに北へ，さらに東へと進み，水に囲まれていて近づき難い清軍の砦に至った。清兵をおびき出そうとしたが，うまくいかない。そこに2時間いた後，軍をあげて鎮江に帰った。この行軍中，鎮江の軍民を2年間は賄うに足るだけの米を集めることができた。また至るところに布告を掲げ，民衆に「我々は君たちに貢納してほしいだけだ。貢納さえすれば，誰も危害を加えられない」と伝えた。翌日，1万5000人の天京からきた救援部隊は天京に向けて出発した。10マイルいったところで宿営したが，そこで強力な清側の軍隊に遭遇した。1万の鎮江の部隊が我々に合流したが，天京への道にそって砦を築いて拠っている清の大軍に前進を阻まれた。彼らは自衛のために30隻のジャンクも持っていて，その中の何隻かは大砲を搭載していた。その日は1日中戦い，約100人の清兵を殺して，清軍を砦内に逃げこませた。我が方では10人が弾薬の処理を誤って爆死した。その夜は宿営に戻り，そこに胸牆を急いで造った。翌朝，我々は清軍の注意を一部隊だけに集中させておいて，密かにクリークに舟を並べて橋を造り，向かい側の島に渡った。200人ばかりのものが島に上り，6門の大砲を備えた清軍の砲台に対抗するために，2門の砲台を急いで造った。しかし彼らの方が優勢で，そこに留まることは極めて難しく，4人が殺され，大砲1門が破壊された。我々はこの砲台を棄て，江の反対側で清軍と戦っている主力に合流した。約3時間の激しい戦いの後，清側の一つの砲台を占領し，他の三つの砲台とともに江に投げ棄てた。2日目には更に他の砲台一つを取った。清軍はやむなく真ん中の砲台に退いたが，我々はそれを包囲し，幾つかの家を壊し，木や藁を集め，砦のまわりに並べて火をつけ，彼らが逃げられないようにした。翌日の夜明け前，清軍がとても狼狽していて，包囲網を脱出しようとしているのを知った。号砲が鳴りわたると，我々は一斉に起き上がり，清軍を一網打尽にした。初日には，我々は150人，敵は600人を失い，2日目には砲台を占領するのに，我々は400人，敵は500人を失った。3日

目には我々に損失はなく，約700人の清兵を殺した。かくて清軍の砲台全部を取ることができたが，これらの中には多量の弾薬が蔵されていた。砲門を広東のジャンクに向けると，ジャンクは直ぐに江の反対側に移っていった。我々はもう1日そこに留まり，翌日，鎮江に帰った。

　我が全軍は清軍の砲台を攻撃した。[我々が上海に帰って来てから聞いてきたところによると，この砲台の司令官は幇辦江南軍務吉爾杭阿で，彼はここで死んだが，このことは鎮江でも天京でも，誰もまだ知らなかった]。激戦の後，最初の日に我々は砲台一つを取った。清兵は他の砲台に退いた。我々はここで3日間戦い，八つの砲台を次々に取った。そして遂に清兵を残りの三つの砲台に追込み，これを包囲した。終日戦ったが，何の効果もなかった。1時ごろに3人の清軍士官が銃を我が方に向けながら，砲台から出てきて，跪いて我々に合図を送った。これに応じて我が方の軍官も進み出て，彼我の代表は約1時間談判をしていたが，協定には至らず，まず清軍士官が退いた。我が軍官らの引き揚げるのを待って，清軍は攻撃をはじめ，我が軍もこれに応戦した。その日は日暮れ時まで戦い，夜になると清軍の砲台の周囲に火を放った。清軍が一つの砲台から撤退すると，我々は直ぐにそれを取り，逃げ遅れたたくさんの清兵を殺した。しかし余りにも清軍に接近していたので，15－20人のものが家の中に捕らえられた。敵は食べるものも飲むものもなく，非常な窮地に陥れられていることを，我々は知った。彼らの馬の半分は食べられてしまったのである。翌日，私の同僚，ボストンのCharles Thompsonは，ジンガル銃を敵に向けている間に，胸を撃たれた。私と2人の仲間のものとで彼を鎮江に運び，3人の医者に見せた。10日間も愚図愚図していたので，随分いらだっているように見えた。彼は負傷する前，「こんな連中とさらに3ケ月も一緒にいるくらいなら，アメリカの牢屋に3年間はいっている方がましだ」とよくいっていた。清軍は完全に包囲されて，我々を追い出すことが出来ないことを知ると，我々の砲台を突破しようとしたが，完全に失敗し，3砲台にいた約700人は殺された。我が方では1人も死なず，10人ばかりが負傷しただけであった。

　それから20日の間，我々は此処で獲た銃砲や弾薬などをセッセと鎮江に運ん

だ。これらの砲台は鎮江の市から3マイルほど離れているが、太平軍が占領して、我々が後にそこを通った時もまだ占領していた。それから8日ばかり後、1万5000の天京部隊は、鎮江から南東へ約25マイル離れたところへ退いて、3、4の砲台を築き、数日後に鎮江の部隊が合流して強化されるまで、そこに留まった。天京・鎮江の部隊が合流した日に、我々は清軍の一歩兵部隊と約700人の騎兵部隊に攻撃され、何回も退却を余儀なくされた。その後、清軍が撤退したので、我が軍の騎兵は農村を、歩兵は山岳地帯を通って行進した。農村を通る際に大きな建物は壊したが、貧乏人のものには決して手をつけなかった。それでも村民は我々が近づくと、みな逃げてしまったらしい。鎮江の部隊をここに残し、その他の部隊は天京へと向かった。頂天燕の秦日綱は我々に天京にいきたいか否かを訊ね、さらに「馬に乗っていくがいい。天京の方がもっと快適に過ごせるぞ」といったので、我々も天京に行くことにした。

　行軍をはじめて2日目に清軍の占領している三つの砲台に出くわしたが、弾薬をすでに使い果たしていたので、彼らと事を起こすのを望まず、これを避けていった。夜の10時まで行軍を続けたが、彼らは我々の後をつけてきた。そこで急いで山道を行くと、彼らはもうついて来なくなった。そこは天京からほぼ25マイルのところである。ここに数時間とどまって後、天京に向かって出発し、3日目に着いた。我々ヨーロッパ人の2人は主力からはぐれて西方から、即ち報恩寺の大磁塔（磚塔）から3番目の門から天京に入った。最初の門は何事もなく通れたが、次の門はくぐれなかった。入城の許可が出るまで待つよう門番にいわれ、彼と一緒に夕飯をとった。門のところで待っている間、群衆の注目を大いに浴び、道は我々を見つめる人たちで一杯となった。入城すると第8位の首脳、佐天侯陳承瑢のところに連れていかれ、Antonieという名のイタリア人で、彼らがLo-ta-kang（羅大綱？）と呼んでいる人物を知っているか、と訊ねられた。このイタリア人は首脳たちから非常に可愛がられていて、もう3年半ほど首脳たちと一緒にいた。もと呉健彰の雇ったポルトガルのロルチャ船から逃げてきたものである。我々は彼のことを知らないし、会ったこともない。彼は死んだものと思っている。彼らのいうところによると、彼はとても力が強

く，重さ14斤の刀を持ち歩いていた。清軍に撃たれると，いつも地に伏せて死んだようなふりをし，何人もの清兵が彼の首を斬りに跳んでくると，急に飛び起きて自分の手でその2，3人を殺した。彼は特別待遇をされていて，とても好きなアヘンや酒を買う金を貰っていた。彼は何でも自分の好きなことができたのである。

　我々を鎮江から連れてきた第7位の首脳，頂天燕秦日綱は，我々が陳承瑢の処にいることを知ると，迎えに来て，以前から我々を探していた第2位の首脳，東王楊秀清の処に連れていった。楊秀清の前には，誰しも武器を持って出ることは許されない。彼の軍官・義兄弟と我々とは皆，彼の前に跪き，軍官は簡単な祈りのことばを述べた。楊秀清には3才と7才の男の子が2人いる。その1人でも街にあらわれると，軍官も兵士もすべて，直ぐに跪くのが習わしで，我々も子供のいるあいだ中，そうしなければならなかった。10分間も跪いていたことがある。

　その頃はまだ通訳がついていなかったので，楊秀清が我々に話しかけることは殆どなかった。彼は我々のことを義兄弟にまかせ，義兄弟は我々を自分の家に連れていき，よく世話をしてくれ，またいい部屋をあてがってくれた。広東で大工をしていたものが，我々の通訳になった。彼は楊秀清の前にでるときは何時も跪き，我々にもそうすることを求めたが，我々が立ったままでも，楊秀清は別に文句をいわなかった。このことから，通訳が広東人以外であるよりも，我々はずっといい待遇を受けているという印象を持った。翌朝6時ごろ楊秀清の前に連れていかれた。彼は我々が拳だけで戦うものと思っているのか，我々に「どのようにして戦うのか」と訊ねた。「刀も銃も使うことができます」というと，棒切れを持ってきたので，それを使って，知っているかぎりの斬り方，防ぎ方を示した。そしてコップを持ち上げ，酔っぱらった風をして，「拳を使うのは，酔っぱらった時だけです」といった。彼らにいわれるままに拳術をして見せると，楊秀清はとても喜び，心から笑った。今度はイギリス製のピストルを持って来，約50ヤード離れたところの壁に紙を貼って，それを撃ってみろといった。私は弾丸を紙の真ん中に当てた。楊秀清は，私が狙いを定めている

間は私の後に立ち，弾丸を撃っている時はビクビクしているように見えた。

　楊秀清は自分の宮殿を見まわし，特に興味を持って「お前の国の皇帝もこんな宮殿を持っているか」と我々に聞いたので，「いいえ」と答えた。我々が天京にいる間，楊秀清が殺されるまでは，彼の宮殿には，約500人の女性が雇われていて，メッセージを伝えたり，料理をしたり，靴を造るなど，いろいろな事をしていた。毎朝8時になると，800人から1000人の着飾った女性が宮殿の扉の前に跪き，楊秀清から何か命令の下されるのを待っていた。彼女らは戦死した太平天国の兵士の妻・親戚や友人で，仕事を求めて来ていたのである。通訳がつくようになってから，我々は楊秀清に「我が国には上司に跪くという習慣はない」というと，2回目の会見の際には，ただの10分跪くだけでよかった。これから3ケ月間，我々にはこれといってする事があるわけではなく，ただ街をブラブラ歩きまわって，環境の許すかぎり楽しむだけであった。我々が数か月ぐらい宿舎にいなくても，城内から出ていったなどと疑われないくらい，そこは広かった。

　あるとき3組の男女が密通の故に斬首されるのを見たことがある。また近親相姦者の処刑を見たこともあるが，女は首を斬られただけなのに，男はその上に両手・両足も引きちぎられた。盗みをしただけで首を斬られた例も知っている。アヘンを吸っているのが見つかって処刑された人たちの首を見たことはしばしばある。それらはポールにくくりつけられ，それを2人の男がかついで，1人はゴングをうち鳴らし，1人は罪状を大声で叫びながら，大通りを練り歩くのであるが，それは皆のものに対する警鐘である。タバコを吸ったり，酒を飲んでいるのが見つかると，鞭うたれ，酔っぱらって暴れたりはしゃいでいるのが見つかると，首を斬られた。楊秀清がアヘンを吸っていたという証拠は無いし，そんなことは無かったと信じたい。しかし楊秀清の義兄弟がアヘンを吸い，酒を飲んでいたことは知っている。彼の居所から楊秀清の死後，多量のアヘンとタバコが発見されたので，彼は詰責された。煙管に付属する道具，煙灯・煙盤のようなものを，何でもいいから持ってきたものには5ドルが報酬として支給されるのだが，そんな道具が発見されたとは聞いていない。我々が

去った時まで，何も見いだされなかった。これらの道具は，麻薬常習者，即ち悪い奴の証拠として必要なものなのである。

　何もすることがなく退屈だったので，我々は通訳を楊秀清の宮殿にやって，戦闘に出たい旨を伝えた。すると彼は「近いうちにお前たちと話したいと思っているから，そんなに悲しんだり失望することはない」と答えた。しかし彼はそうはしなかった。我々が最後に彼に会ったのは，公開の場所で，跪いている約3000人の広東人（髪は短く，Hoe Alukの人たちの一部）の前に講話をしている時であった。彼らが戦いに出るのを躊躇しているのだとのことである。また女性は天京城内の何処に住んでもよく，特定の地域に閉じこめられているわけではなかった。夫のいる女性は何も仕事をしなくてよかったが，保護者のいない女性はみな，煉瓦や石・木・米などの運搬のような筋肉労働をしなければならなかった。天京にいる男性の大部分は兵隊で，彼らは仕事も荷物の運搬もしない。楊秀清の宮殿は旱西門の近くにあった。八旗軍の駐防していた満城の建物は全部，城壁は大部分こわされた。太平天国の軍官だけが黄色の服を着ることを許され，一般の兵士には制服がなく，どんな色でも好きなものを着ることができた。前方の頭髪は剃ってないが，弁髪をやめたわけではなく，髪を赤・黄の絹で編んで，それを束ねて，帽子の中に押し込んでいる。紙で作った竜や，その他いろいろな種類の動物の行列を2回みた。我々の居所は，楊秀清の宮殿から約50ヤード離れた，通りの反対側にあった。

　聞くところによると，東王楊秀清は第5位の首脳，北王韋昌輝に，今いるところから別のところに移るよう命じ，丹陽にいた頂天燕秦日綱には安徽に移るよう求めたとのことである。秦日綱が丹陽から安徽に行く途中，韋昌輝に出会った。韋昌輝が「何処に行くのか」と聞くので，「楊秀清の命令で，安徽に行くのだ」というと，韋昌輝は「お前は知らないが，第1位の首脳，天王洪秀全から手紙があったので，お前も俺と一緒に天京に帰らなければいけない」といった。秦日綱は天京に着くまで，何が起こったのかサッパリわからなかった。天京の城外まで来たとき，彼は韋昌輝から「洪秀全に楊秀清を殺すよう命ぜられた」と知らされた。この時，楊秀清は洪秀全の兵隊に，全員が城外に出て戦

うよう命じたが，誰もこれに従わなかった。楊秀清はまたその友である第6位の頭目，翼王石達開の軍に城内に入るよう求めた。しかし時間的にいって，石達開の軍が韋・秦よりも先に天京に入ることは無理であった。その結果，韋・秦の軍は誰にも疑われず，夜中に入城することができた。もし韋・秦の軍が入城しなかったら，洪秀全は楊秀清に殺されたに違いないと，軍官たちはいっていた。

　ある朝の4時ごろ，砲声で眼が覚めた。砲弾の一つが宿舎のそばに落ちたのである。直ぐにとび起きて街に出ようとしたが，阻まれてしまった。街には兵士が並んでいて，誰も家から出られないようにしていたからである。夜が明けてやっと外に出てみたところ，驚いたことに，街は死体で覆われていた。それらは楊秀清の護衛兵・軍官・楽士・事務員や家事手伝いの人たちであった。女性の死体も一つあった。この頃，楊秀清の宮殿の中では，韋・秦の部下のほか，楊秀清の部下さえも加わって，数千人のものが掠奪をしていた。我々も群衆と一緒に宮殿に入ってみたが，高価な家具や飾り物のある豪華な部屋はなかった。楊秀清の箸・筆軸・印章，そのほか小さなものは金，洗面器は銀でできていると聞いていたが，我々の見たものは，彼のテーブルの上においてあった2つの小さな金の獅子と一つの金の鈴であった。数時間のうちに宮殿にあったものは完全に掠奪された。

　その日は一日中，町中が異状な興奮状態にあった。城門は閉鎖され，城壁は監視されていたが，それが何故かは，住民の大部分は知らなかった。楊秀清の軍官が持っていたものは誰が奪ってもいいと聞いていたし，また馬がほしいと思っていたので，我々は2頭の馬を取ったが，同夜，韋昌輝の部下がそれを欲しいといったので，譲ってしまった。楊秀清の義兄弟は病気になったので，我々と一緒の処から移っていた。楊秀清が殺されてから後，彼に会いにいったが，彼の家は荒らされていなかった。しかしその妻のいうところによれば，彼は首に鎖を懸けられて，何処かに連れていかれたという。それから後，我々は秦日綱の宮殿に行き，一日そこに泊まったが，秦日綱の部隊は洪秀全のところに行っていて，彼に会うことはできなかった。秦日綱は我々を鎮江から連れて

来てくれた唯一の友なので，翌日には，彼を探しに洪秀全の宮殿に行った。そこには我々の通訳がいて，その指差す方向に秦日綱がいたが，驚いたことに，首には鎖を懸け，頭には青い巾を巻きつけて，韋昌輝と一緒に洪秀全の宮殿の扉のところに跪いていた。それでも彼らは普通の罪人のように繋がれてはいなかった。やがて女性の使者が，赤い字の書いてある長さ2.5ヤード，幅0.5ヤードの大きな絹巾を持ってきて，韋昌輝・秦日綱の前においた。両人はそれを読み，また多数の楊秀清の軍官も群がり入ってこれを読んだ。みなが読み終わると直ぐに，それは運び出されて，宮殿の向かい側の壁に張り出された。韋・秦はまた女性使者を通じてメッセージをしばしば送った。彼女らはなかなか綺麗な広東女性で，言葉でメッセージを伝えるときには，30ヤード近く離れたところでも聞こえるくらいはっきりした，しっかりした声を発していた。メッセージの合間に，両人は小さな部屋にさがって何か相談していた。２人の使者は最後に彼らに，それぞれ500の杖刑を受けねばならないと伝えた。それぞれ５本の杖が韋・秦の軍官に渡された。韋昌輝は特定の軍官に打つよう命じ，300打たれた段階で，「もっとしっかり打たないと，これで斬るぞ」といって小刀を抜き，同時に泣くふりをした。

　韋昌輝と秦日綱とがこの刑罰を受けている間，彼らの軍官・兵士は前に進み出て，２人の背中に手を当て，代わりに杖を受けていた。私はすべてが偽りの芝居などとは知らず，秦日綱を扇であおいでいたが，他の連中が自分の手を秦日綱の背においているのを見て，私もそうした。私の手が何回か打たれて後，杖が折れ，別のものに取り替えられた。しかし両人とも300以上むち打たれることはなかった。韋昌輝の１人の軍官は彼の首から鎖を取りはずそうとしたが，彼自らそれをとめた。この偽装の刑罰が行われている間，数百人の軍官・兵士は泣いているように見えた。楊秀清の数人の軍官・兵士もその中にいたが，彼らは捕虜で，首には重い鎖や縄を巻きつけられていた。楊秀清の一味6000人ばかりは，まぎれもなく捕虜となり，洪秀全の宮殿の両側にある２部屋に閉じこめられた。秦日綱の家に帰る途中，我々の私的な通訳が２人の兵士とともに，潜伏していて捕まった２人の楊秀清の部下を連れてくるのに会った。通訳は

我々に,「2人の処刑が終わり次第,秦日綱があなたたちに会いたいといっている」と伝えた。秦日綱に会った時,我々は通訳から跪くようにいわれ,彼を通して秦日綱に,「むち打たれて大変でしたね」とお見舞いの言葉をかけた。すると秦日綱は「いや,何でもないよ」といって,洪秀全の宮殿に入るところにある部屋を,我々の寝室に当てがってくれた。この部屋の向かい側に,楊秀清の首が長い間ぶら下げられていた。その夜,韋昌輝と秦日綱とが6000人の繋がれている部屋を見てまわり,我々もそれについていったが,両人は窓辺で耳をそばだて,彼らを一網打尽にする方法を相談していた。翌日の明け方,牢獄の戸・窓が開けられ,爆薬の包みが幾つか投げこまれ,出入口は厳重に固められた。一方の部屋では,ほとんど抵抗をうけることなく兵士が入りこみ全員を殺害したが,他方では,捕虜たちが壁を崩し,その煉瓦を持って必死に戦ったので,6時間以上もたってやっと彼らを押さえることができた。マスケット小銃のほか,2ポンドの大砲からブドウ弾が彼らに向けて発せられた。やがてこれらの哀れな連中は自ら武器を捨て,ひどい疲労のために倒れていった。最後に韋昌輝・秦日綱は彼らの兵士たちに,右腕を袖から出すように命じた。それは楊秀清の兵士との区別をつけるためである。やがて彼らは牢獄となっている部屋に突入し,残っている連中を殺害した。少しして我々も入ってみたが,これは何としたことか,死体が5重にも6重にも重なっているところがあった。自ら首をくくって死んでいるもの,爆薬で焼け死んでいるものもあった。これらの死体はここから畑に運ばれ,野ざらしにされた。城内のすべての家の主人は,男女・子供が何人住んでいるかを報告しなければならず,報告された人たちは皆,小さな牌子をもらって胸につけた。そしてもし彼らが楊秀清の兵士をみつけたら,捕まえなければならなかった。数週間にわたり捕らえられた楊秀清一味のものは,5人・10人・100人・1000人と群れをなして刑場に運ばれ,そこで殺された。女でも子供でも,楊秀清の米を食ったものは誰でも皆,殺された。

楊秀清が殺されてから6週間ばかりたったころ,石達開がその一部の兵隊とともに天京に入って洪秀全の宮殿にいき,そこで韋昌輝・秦日綱に会い,彼ら

から事の経緯の説明を聞いた。石達開が「みんな長髪の、我々と一緒に戦ってきた人たちを、何であんなにたくさん殺したのか。楊秀清とその部下数人を殺すだけで満足できなかったのか」と糾すと、韋昌輝は「お前は泥棒だ」と返した。すると石達開は「お前も泥棒だ。我々2人は同じ目的のために戦ってきたのだから、俺が泥棒なら、お前も泥棒でなければならない」といい、さらに「お前が勝手に行き過ぎたことをしたんだから、その始末はお前が自分でつけるべきだ。俺には何の関係もない」と付け加えた。その夜、石達開は部下をひそかに集めて、旱西門の方にやってきたが、「韋昌輝の許可がなければ通れない」と阻まれたので、門番を殺し、その大部分の部隊とともに旱西門を出た。もしいま脱出しなかったら、彼は殺されていたに違いない。たくさんの民衆が、これを機会に城から逃げ出した。翌朝、天京の城内は異状な興奮状態にあり、すべての人が戦闘の用意をしていた。彼らは石達開を逮捕しに行きたかったが、どちらに行ったかわからない。そこで石達開の家を襲って掠奪し、同夜中に逃げ出さなかった石達開の妻子や部下を、誰でもかまわずみな殺してしまった。翌朝早く、我々は秦日綱に呼ばれた。「殺されるに違いない」と警告されていたので、秦日綱のところには行かず、城壁を乗り越えて逃げるつもりでいた。たまたま通訳を見かけたので、秦日綱が何故我々に会いたいのか、彼の部下の1人に聞いてもらったところ、我々が逃げ出していないかどうかを知りたいだけ、ということがわかった。

　楊秀清一味の殺害は3ヶ月つづいた。我々の計算だと、4万前後の男女・子供が死んだはずである。秦日綱はこのような状態に満足して、1万5000の部下とともに船団をつくり、我々もこれに従って蕪湖に近い西梁山にいたった。最初はその地の住民に入ることを阻まれた。しかし秦日綱が小部隊を率いてやってくると、その地に入ることを許され、我々も2時間ばかり外で待った上で入り、掠奪をした。ここに2日間とどまった後、小さなクリークを約15マイル遡って、太平軍が占領している砦にやってきた。秦日綱はここで上陸し、しばらくの間、司令官と話した。我々はクリークを遡って大きな村に上陸し、20マイルばかり内地へ入っていったが、清軍の兵を発見することはできなかった。

ここで約3000の広東の騎兵を合流させた。秦日綱はすべての小銃士に一斉射撃を命じ，その後，我々は船に戻って寝についた。翌朝さらに40マイルばかり進み，全軍がそこに上陸した。騎兵は陸路を進み，清軍の砦に近い丘を占領した。さらに進んで数時間戦い，5人を失い数人を傷つけたが，清軍をその砦から追い出すことはできなかった。その夜は露営し，夜が明けてみると清軍はそこから撤退していた。清軍を追ったが，彼らを見つけることは全くできなかった。ここは長江の西にあたるクリークを約100マイル上ったところである。数日ここに滞在した後，さらに内地へと進み，ある村に宿営した。そこの村長はドラを鳴らしながら村を回って，我々のために夕食を用意するよう求めた。翌朝さらに30マイルばかり進み，住民が作ってくれたボートの橋を通ってクリークを横切り，城壁のある大きな町に3マイルもないところまで迫った。しかし夕食後，「船に戻れ」という予期しない命令を受けた。1日中はげしく雨が降りつづいた。その日に船に戻ったものもあるが，数日たってもまだ帰らないものもあった。

　我々は数日間，何をすることもなくここに留まった。ある朝の夜明け前，約1000の清軍騎兵が我々のいる反対側からあらわれた。我々はみな上陸した。同時に我が砲船が砲火を浴びせると，彼らは忽ち7マイルほど退き，数発を撃ち合った後，我々が突撃すると，彼らは大いに慌て，10人の騎兵を馬とともに残して急ぎ逃げ去った。我々は船に戻り，そこに更に3日とどまった。翌日たくさんの男女や子供が我々のところにやってきた。彼らは我々がまだ行ったことのない町から逃げてきたのだが，太平軍によって清軍に売られた人たちとのことである。それから数日して，清の騎兵・歩兵の大軍が江の両岸を進んできた。我々は軍を一方の岸に上陸させ，彼らを大きなクリークに追いやった。最初に逃げてきた清兵がクリークにかかっている橋を壊したので，我々は後から来た連中を水中に追いやり，多数を殺したり溺れさせた。そこで我々は橋を新たに造り，半日，彼らを追っ掛けた。翌日，船に戻ったが，その船は多数の清の騎兵がいる反対側の港のところを通ってきたのである。我々は休む暇もなくそちらの岸に上陸し，彼らを追い返した。同じ夜，困ったことが起こった。清軍が

大勢，陸路やってきたのである。その夜はある村に船を泊めて眠り，翌朝は西梁山に着き，それから2日間を船で過ごした。そこにいる間に天京から弾薬の供給を受け，大勢で清兵を探しにしばしば出掛け，清軍と激しく戦った。ある時は清軍が我々の砦のところまで追い掛けてきたが，その時，秦日綱が部下を率いて「兄弟たちのために」と叫びながら飛び出してきた。我々は約600の清兵を捕らえて殺した。清軍は2隊に分かれて，我々を側面から攻撃しようとしたが，これを目撃した我が軍官の1人が，20人のマスケット小銃士と100人の矛士をまわしてくれたので，敵の1隊に大打撃を与えることができた。彼らは跪いて哀れみを請うたが，皆殺しにされてしまった。清軍の死者は500人であったが，我が方の損害は村で1人が殺されただけである。我々はその村に一晩とまった。翌朝，村民が10人の清兵を連れ，武器をたくさん持ってきてくれた。これ以上苦しめられないようにと，我々は船に帰り，そこに約1週間とどまった。

　この時，秦日綱は天京に帰るようにとの命令を受けた。鎮江の第2の守将が500人の部隊を連れてきて全軍の指揮をとったが，このことは多くの人の不平・不満を呼んだように見えた。その夜，秦日綱は天京に去った。これに先んじて，我々2人の外国人とポルトガル語・英語の話せる1人の少年は，江の対岸に渡って石達開の陣営に行き，そこの人から「秦日綱は天京における残虐行為の故に間もなく殺されるだろう」と聞いた。また「韋昌輝はすでに殺された。もしお前らが危険な状態に陥ったら，ここに来い，泊めてやるから」ともいわれた。秦日綱が去ったので，我々は石達開の軍と一緒になったが，何人かの秦日綱の部下もすでにここに来ていた。石達開に会いたいと思い，用意された駕篭で蕪湖の方へ約40マイルいった時，そこで6万乃至8万の人々に逢った。石達開には会えなかったが，彼は伝言して「我が方に何の支障もない。お前たちの面倒は軍官の1人が看てやるから」とのこと。我々はそこにいる間に，韋昌輝の軍官1人が首に鎖を巻かれているのを知り，また天京から送られてきた，棒に突き刺された塩漬けの韋昌輝の首を見た。これより先，我々が天京を離れてから後，石達開は洪秀全に「もし韋昌輝を殺さないなら，自分が軍隊を引き連

れて天京を占領するであろう」と伝えた。これを聞いて洪秀全は，石達開が大磁塔（報恩寺の磚塔）をめざしてやってきて，その上から弾丸を城内に撃ちこむのではないかと恐れ，塔を爆破するよう命じた。我々が天京を去った時には，その塔はちゃんと建っていたが，帰ってみると，そこはもう廃墟となっていた。石達開は洪秀全から何の返事も得ていなかったので，彼の軍隊の一部を率い，3日間にわたって天京城内を荒らして，韋昌輝の部下500人を殺した。しかし天京を占領することはできなかったので，蕪湖にいる自軍のもとに引き揚げた。間もなく彼のもとに韋昌輝の首が送られてきた。彼が再び天京に帰るときは，我々もついていったが，楊秀清が死ぬ前と同じように天京の城門は開けられていて，入城するのに何の抵抗も受けなかった。石達開は韋昌輝・秦日綱および陳承瑢が殺されたことに満足し，彼らの部下まで殺そうとはしなかった。彼が要求したことは，さきに深夜，急に天京を脱出したときに掠奪された物はみな返してほしいというだけで，掠奪した連中も罰しようとはしなかった。

　我々が蕪湖を去る数日前，石達開は自分の家を整備するため，600人のものを先に天京に返した。しかし彼らは我々が天京に着かないうちに，韋昌輝・秦日綱および陳承瑢らの家を掠奪していた。我々は石達開に直接あって，幾らかの現金と衣類を貰おうと思った。ところが誰も我々を石達開に会わせてくれないので，うまくいかなかった。ただ泊まっているところの軍官が我々の要求を手紙に書いて彼に届けてくれたので，要求しただけの衣類と1万文の現金とを貰うことができた。今や洪秀全に次ぐ存在となった石達開は近寄り難くなり，彼に対する要求はすべて書面で提出され，返事はその居所の外壁に貼りだされるので，軍官たちはみな翌日それを見にいくのが普通である。一時に50通の返事，告示ともいうべきものを見たことがある。石達開は20才の甥を蕪湖および太平府の軍の責任者として残した。天京は我々が最初に入ったときには非常に荒涼としていたが，いま再び入って一見したところ，前よりももっと悪くなっているように思えた。しかし中国人は柔軟性に富んでいて，容易に環境に順応するので，数週間のうちに天京は以前の活況をとりもどすに違いないと，我々は信じている。天京は一つの大きな兵営である。「石達開は洪秀全を殺すつも

りである」と，我々は何人かの石達開の軍官から聞いている。したがって事態は甚だ混乱していて，首切も日常茶飯事であることがわかったので，太平軍のことは太平軍にまかせるのが良いのだと思うようになった。

　我々は余分の衣類を売り，ピストルと刀を買って，恐らく12月12日の朝早く，天京を出発した。西門を出て約15マイル歩いて，一つの島に着いた。城内の兵隊が買物に来るところで，我々はここで朝食をとった。ここの住民たちは，タバコを吸うことも酒を飲むことも許されている。我々は一日中，夜にかけて鎮江に向かって進み，太平天国の地方官の家で夕食をご馳走になり，その日はここに泊まった。翌日の朝食後，地方官の用意してくれた手押し車に乗って約40マイル進み，金山の見えるところで彼と別れた。夕食をとって後，今度は徒歩で旅を続けた。鎮江を避けようと思って，大道を離れて南にいったが，道に迷い，召使いを農家に聞きにやった。農民たちは我々を招いてお茶をくれ，召使いの頭を剃ってくれたので，1ドルを彼らにやった。道は2人の農民が案内してくれたが，幾らも進まないうちに，2ドルをゆすり取られた。やがて清軍の宿営の近所に着いたが，明らかにわざと我々をそこに連れていったのである。彼らは召使いに，「もっと金をくれなければ，お前らを清軍に売り渡してしまうぞ」といった。これを聞いて，我々は自衛のために彼らを縛り上げ，前に取られた金を取り返した。さきを急いで丹徒の橋のところまで来た。橋を渡る時，2人の清軍の監視兵に逢ったが，幸いにも彼らに疑われなかった。更にさきを急いで小さな家を見つけ，その夜はそこで泊まった。翌朝，船を得てSung kung-yuen（宋公堰？）に行き，翌日にはKiang yuen（？堰）に着いた。2人はここで別れ，1人は長江の上海側を歩いて下り，他は崇明島側をいった。上海にはそれぞれ12月の20日と22日に着いた。我々は天京を出発してからずっと中国人の服装をしていて，殆ど9ヶ月も上海を離れていたから，日付がサッパリ分からなくなり，上海に着いた時は，1857年ももう2月ごろになっていると思った。

　楊秀清の一味が次々に殺されていた3ヵ月間は，太平天国の宗教的行事は停止されており，その後，我々が天京から上流に行軍を始めてから後も同様で

あった。しかし天京に帰ってみると，一般的な宗教儀式はもと通り行なわれていた。また楊秀清の宮殿にいた500人の女性がみな殺されているのを知った。天京にどれだけの人がいるのか分からないが，街はいつも兵隊で混んでいた。殺された人は無数である。

　天京から鎮江に行く途中，貧しい人たちが青い粘土を運んでいるのを見たが，召使いのいうところによると，穀物が足らないから米に粘土を混ぜて食べる，とのことであった。我々も召使いが頭を剃ってもらっている時，この混ぜ物を食べているのを見た。天京から約20マイル離れたところで，激しい砲声を聞いた。音の方角から判断して，天京で洪秀全が石達開に殺されたのだ，という結論に我々は達した。この日に洪秀全が殺されるだろうとは，かねて聞いていたし，何か紛争が起こったとき以外には，天京城内で砲声を聞くことはなかったからである。［もっとも20マイルも離れたところでは音が聞こえるはずはなく，したがってこの推測は間違っていたのかも知れないが。］

　洪秀全の宮殿の前に２門の立派な12ポンド砲が置いてあった。「1855年，マサチュセッツ製」と記されており，アメリカ製の台座に載せられていて，グッタ・ペルカの緩衝器がついていた。我々はしばしばハンマーの使い方を教えてほしいといわれた。ハンマーをはじめ，その他の備品はすべて良く整備されていた。砲筒についている押さえ（砲栓）はまったく新しく，大砲は清軍ではほとんど使われていなかったように見えた。これらの大砲は上海では多くの人によく知られていて，彼らが捕獲して楊秀清に献上したものである。楊秀清は，我々が最初に天京に入った時から彼の殺されるまで，天京における政治・軍事の長であった。彼がすべての兵隊に食糧や衣料を供給し，すべての軍事を指揮していた。早く起き遅く寝て，たくさんの仕事をうまく処理しているように見えた。容姿は立派で，気品があり，顔つきは見栄えがして，態度はやさしかった［先週，我々のところを訪れた彼，楊秀清の兄弟も同じような態度である］。すべての階級の人たちから尊敬され，高く評価されているように見えた。彼の子供たちも非常に可愛がられていた。我々がまだ天京にいた時，ある紛争を解決するために，洪秀全が楊秀清の宮殿に来たことがある。洪秀全は外の見えな

い駕篭で来たのだが,彼が近づいても楊秀清部下の数人が跪かないのを察知して,その無礼を楊秀清に訴えた。すると楊秀清は自分の尊厳も忘れて飛び出してきて,2,3の部下の首を自分の手で斬りすてた。その場に居合わせた陳承瑢は,不注意の故に1000の杖刑を科せられた。

　鎮江にいたマニラ人の語ったところによると,町が飢餓に瀕し天京との連絡も絶えた時,彼らのおかれている状態を天京に報せるために,幾つかの方法が試みられた。例えば,村の一家族を捕まえて抑留し,家族の１人に手紙を持たせて送り出し,彼および家族のものに「もし何の返事も得られなければ,家族をみんな殺してしまう」と脅すのである。これを２,３回試みたが,それが失敗に終わると,今度は２隻の大きな砲船を造り,3000人を載せて天京に向かわせた。鎮江の第１守将と５人のマニラ人も一緒に出発した。遡江の途中,清側の広東船隊に遭って,１隻は焼かれ1000人が死んだ。他の１隻は岸にのり上げ,第１守将と５人のマニラ人は約2000人のものと共に,やっと鎮江に逃れ帰った。最後に彼らは小さな舟を造った。10人のものが志願してこれに乗り,天京に行くことにした。若し彼らがうまく天京に着けたら,持っていた木炭を悉く江に流して,無事到着したことを報せる約束である。鎮江では木炭が流れて来るのを見つめていたが,舟が出発して４日後にこれを認めた［江陰より上流の長江では,潮の干満による影響はなく,天京や鎮江ではいつも毎時３マイルの速さで,水は流れている］。この事があって１週間後,羅大綱（秦日綱の誤り）が３万人を率い道を切り開いて,鎮江の守備隊に食糧その他の救援物資を持ってきたので,それからは食糧は十分にあった。我々が丹徒を過ぎた朝,太平軍は清軍と戦っており,前日にも戦ったという。

　鎮江・天京にいたあいだ中,誰かが上海のことを話しているのを,我々は聞いたことが一度もない。彼らは上海で起こっていることに全く無関心のように見えた。我々が鎮江を去った時は,彼らは広東で起こったこと［アロー号事件とその後の動き］については何も知らなかった。広東の一女性が広東のことについて話してくれたが,我々には分からなかった。天王洪秀全の教師であった羅先生（羅孝全）［Revd. I. J. Roberts］のことは何も聞かれなかった。我々は

鎮江に5人のマニラ人と1人のイギリス人とを残していった。イタリア人については，彼がどうしているのか確かめられなかったが，恐らく安徽にいっているのでないかと思う。

　太平側は天京対岸の長江辺に，幾つかの砲船と広い砦をもっている。さらに蕪湖までの両岸にも多くの砦がある。これに対して清側には，蕪湖の上流12マイルばかりのところに，20隻の広東ジャンク（紅単船）からなる船団がおる。また天京から10マイルばかり下流の北岸には60隻の広東ジャンクからなる船団が停泊するほか，広い清軍の砦がある。我々が天京にいる間，これらのジャンクは停泊地から少しも動かなかったが，太平軍の砲船はしばしば下っていって，これらと砲火を交えた。

　石達開は部下に人気があって，大きな事をするに違いないと期待されている。清の将軍張国梁，別名張嘉祥は石達開の親戚で，その大切な友人でもあるが，我々が天京を去る5日前に通訳から聞いたところによると，彼は石達開と連絡をとり，清軍から去って再び太平軍に加わることを熱望しているとのことであった。

　我々は楊秀清の死後，太平天国の人が喪服を着ているのを見たことがなかったが，そんなことをすれば韋昌輝や秦日綱の部下に首を斬られることは確実のように思えた。天京およびその奥地の気候は，上海のそれとほとんど異ならなかった。天京にいる時イナゴの大群を見たが，住民は少しも不安そうには見えなかった。天京には6，7年は住民を食わせるのに十分な米があった。楊秀清の死後，数週間にわたって8000から1万の人が雇われて，楊秀清の穀倉から他の倉庫へ米を運んでいた。秦日綱は丹陽を攻めていた時，ここを取ったら軍を進めて蘇州を攻略するつもりでいた。当時，農民たちは太平軍の軍官に「もし2週間ごとに行なわれる丹陽への物資の補給を断ちさえすれば，丹陽の清軍を容易に餓死させることができ，丹陽を取りさえすれば，そこから余り遠くない都市でも門を開けて太平軍を迎えてくれるだろう」といっていた。もしこの重大時に秦日綱が召喚されなかったなら，彼は丹陽・蘇州を取っていたに違いないと確信している。

我々がしばしば会ったことのある太平天国の軍官の多数が, いろいろな地方から命令を受けて来ているところからみると, 太平天国の勢力は内地の非常に広い地域に広がっているに違いない。鎮江の守将は, 以前に上海にいたことがあり, 洋行と関係があったという報道は信ぜられない。彼は上海とは全く無関係である。その名は呉先生（呉如孝）といい, 羅大綱が去ってから鎮江の守将となった。天京でも鎮江でも, 彼の手腕は大いに信頼されていて, その手腕で長い間, 鎮江を守ってきた。

　太平天国諸王の宮殿は, その見たところの立派さでも奇麗さでも, 上海を奪っていた頃の劉麗川や陳亜林の居所と同じようであった。我々の旅行中, 劉麗川ら反乱軍の人として上海にいたことがあるという人には, 1人も会っていない。楊秀清の宮殿に大きな銀製の水盤があり, 通訳のいうところでは, 洗礼の時に使うものとのことであったが, 我々はそれを使ったのを見たことがない。我々はまた, 洪秀全や楊秀清が2人以上の妻をもっているということを推測させるような証拠を, 見たことも聞いたこともない。しかし慣例的に, 洪秀全・楊秀清の宮殿の周りには, 何時もたくさんの女性が働いていた。

　数千の広東・福建人が新たに太平軍に加わるのを, 我々はしばしば見た。天京外で戦っているものの大部分は, 広東・広西・福建の3省から来ている人たちで, 湖南省の人もたくさんいる。太平天国の人たちは, ヨーロッパのものなら, 例えばオルゴール・手袋・傘・時計・ピストル等, 何でも好んだ。外国のいい時計が2.5ドルで売っているのを, 我々は天京の街でしばしば見かけた。楊秀清の死後, 洪秀全は外国製品の贈与を喜んで受ける旨を宣言した。この事は誰からも, 卑下に過ぎると見なされた。外国の軍人が天京を訪れたことに関しては, *Susquehana* の水兵が有名な報恩寺の大磁塔から金のボールを取り外したということ以外には, 太平天国の人から何も聞いていない。彼らは天京にたくさんの硫黄を貯えており, また非常に古い煉瓦を煮て硝石を得ている。行軍中に偶像を見つけると, 太平軍の兵士は直ちにそれを壊すのが普通で, 誰でも家に偶像を置いておくことは許されない。どの家にも太平天国の宗教書があるが, それをよく勉強しているようには思えない。しかしその取り扱いには大

いに注意を払っていて、それを破いたり、その悪口をいうことは許されない。

　楊秀清の義兄弟は我々の歌を聞くのが大好きで、それを促そうと我々のために酒を取りにやることがよくあった。我々は太平天国側からいささかの給料も貰ったことはないが、欲しいといえば何時でも数ドルの金をくれた。彼らは外国人が仲間になることをとても望んでいた。安息日にも仕事は休まない。

（B）E. C. Bridgmanの雑信

　　[出典] *North-China Herald*, Jan. 3・10, 1856
　　[中訳] 簡又文訳「太平天国東北両王内訌紀実」（『逸経』17, 1936）
　　[中訳] 章克生訳「裨治文関于東王北王内訌的通訊報導」（『太平天国史訳叢』2, 1983）

　E. C. Bridgman（1801-1861）はアメリカのプロテスタント宣教師で、1830年に広東に来てから没するまで、中国布教に努めた。中国通で、雑誌の *Chinese Repository* を創刊するほか、中国に関する著作が極めて多い。この通信は、彼が1857年1月2日、*North-China Herald* の編集局宛てに出したもので、Cannyらの談話を基としながら、自分のもつ情報を加えて天京事変を描いたものである。

　次に載せる記録は、3人の天京事変目撃者の話を基としている。彼らは太平軍とともに天京・鎮江・蕪湖、そのほか安徽の地にいた。東王楊秀清の宮殿にいったこともあり、中の2人、ともに外国人（中国人以外のもの）は、楊秀清の殺された夜には、彼の宮殿から余り離れていないところに住んでいた。それは昨1856年の7月末から8月中旬までの間のことであった。

　読者はここで次のことを知っていてほしい。話の主の1人は中国人だが、無学文盲で、他の2人には中国語は全くわからなかった。したがって話している事が何時起こったかは、正確にはわからないし、3人が語っている人名や地名を明記することもできない。しかし日付や人名は別にして、彼らの話は、我々

が希望するところよりも遥かに断片的だし，内容に乏しいけれども，その話の正確性に疑いをもつべき理由は何もない。中国人の若者は1年以上も太平軍と一緒にいたけれども，彼は単なる荷物の担ぎ屋にすぎない。一方，2人の外国人はしばしば太平天国の"太鼓もち"をするのだが，彼らが記憶に刻みこんだことを除いては，記録の形をなすものは何も持って来なかった。彼らが最初，誰の世話で清軍に入ったのか，私は知らない。しかしそこでは，金を実際に貰ったわけではないし，将来その見込みがあるわけでもない。そんな時，彼らは敵対する太平天国側に鞍替えする方法を考え出した。それは昨年（1856年）の春のことである。それからずっと太平軍と一緒にいたが，彼らがついていった首脳たちが殺されると，今こそ撤退すべき時と考え，天京から鎮江・丹徒を経て，10日ほど前，上海に帰ってきた（1856年12月末）。

　もう一つ，ここで予めいっておかなければならないことがある。この2人のほか，太平軍と一緒にいて，しかも2人が知っている外国人は，5人のマニラ人，1人のイタリア人と，1人のネグロとである。ネグロは殺された。イタリア人は安徽にいたが，彼らには会ったことがない。

　楊秀清の大胆な，神を畏れない生涯のうちには，彼を首謀者とする血なまぐさい悲劇がたくさん起こっている。それらの中に，あの，彼自身が主たる犠牲者となったような悲劇は，他に一つもない。彼は流血を楽しんでいた。戦利品で身を肥やしていた。彼の宮殿には贅沢なもの，上品なものが満ちあふれていた。多くの人を苦悶させて遊んでいたのである。最も上等な酒，最も精製された麻薬，外国製の楽器などがあった。要するに彼が欲しいものは，太平天国の領域内に有るものであれば，何でも欲しいままにすることができた。彼は城門を出たことは殆どなく，城内の住民に対しては率ね全権を揮っていた。彼が数年前，神を冒瀆する贖病主の称号を我が物にしたこと，ある時，天王洪秀全に杖刑を受けさせようと企てたこと等は，*North-China Herald* を読んでいる人は覚えているでしょう。彼は少なくとも，洪秀全およびその直々の部下を，すべて駆除する準備をほぼ終えたように見える。

　楊秀清の信頼する部将は，何故かわからないが，彼の陰謀を洪秀全に報せる

のが至当と考えた。報をうけた洪秀全は時を移さず，その信頼する兄弟の北王韋昌輝［当時，安徽にいた］と相談して，洪秀全を守り楊秀清を殺すために，韋昌輝の勇敢な軍隊を介入させることにした。韋昌輝は洪秀全の召喚要請に応じて，速やかに行動した。天京には夜中に着いたが，誰に疑われることもなく城門を入った。2，3時間の短期間に，各々はかねて定められた部署につき，楊秀清の宮殿に通ずる道はすべて進入した韋昌輝の軍で固められた。決定的な打撃が雷電のようにやってきた。その日の明け方までに，楊秀清とその部下数百人の男女・子供が自分たちの血の中に倒れていた。あるものは首を斬られ，あるものは槍で突き刺されたが，誰も逃げることは許されなかった。

　それは晴れた日の輝く朝のことであった。最初の衝撃となった騒音と混乱とはおさまって，太陽が昇るとともに，墓場のような静けさが流れた。天京の内城・外城の門はすべて堅く閉ざされ，誰ひとりとして城外に出ることは許されなかった。

　楊秀清の部下の大臣・軍官・従者・奉使者などあらゆる階層のものは，全体で2万乃至3万と推定されているが，そのうち数千人はまだ捕まっていない。彼らを罠にかけるために，とても変わった策略がたてられた。

　大きな歓声が，深い悲しみの泣き声に混じって聞こえてきた。洪秀全を倒そうとする楊秀清の陰謀が暴露され，次いでその楊秀清がたったいま殺されたことが報ぜられると，多くの人々が喜び，「賛美」，「賛美」の声が四方に響きわたった。しかし韋昌輝とその部将たちは命令の限度を越えて，楊秀清の徒党というだけで，無罪の人たちをたくさん殺してしまった。その過ちのために「韋昌輝およびその部将たちは笞刑を受けて，その罪を償わなければならない」と天王洪秀全はいい，韋昌輝には主たる違反者として400の笞刑を受けるよう命じ，また楊秀清の部下で生き残ったものを招き，韋昌輝のこの屈辱的な光景を見させることにした。このことが洪秀全の宮殿正面のベランダに出てきた女官からありのままに公表されると，韋昌輝の部下の中から大きな苦悩のうめき声が流れてきた。もっともそのうめき声は，すべて偽りの芝居にすぎなかったのだが。

数週間，数ヶ月間にわたって雨を降らせなかった天は，第1日の過ぎないうちに雲で覆われ，その夜，怪物楊秀清の血がまだ乾かないうちに，気持ちのいいシャワーが降りはじめた。韋昌輝は芝居を続けながら，天候の変化を喜ぶとともに，与えられた笞刑を甘んじて受ける用意のあることを公言した。

　2日目に入ると，韋昌輝の寵臣たちは殺された楊秀清の宮殿に入り掠奪することを許された。しかし最も興味深い光景は他の地区で見られた。洪秀全の宮殿の前面には，前日に韋昌輝受刑の場を見るようにいわれた人たちが早くからたくさん集まってきた。そこは処刑の場から余り離れたところではない。やがて背後から女官が詔書をもって出てきて，大声でそれを読んだ。そこで刑が執行されはじめ，韋昌輝もその部将たちもおとなしく，また図々しく刑を受けた。

　韋昌輝らのごまかしは成功した。5000から6000の東王の徒党は笞刑よりひどい目にあうはずはないと思い，甘んじて武装解除をうけ，2つの大きな部屋に収容された。その部屋というのは亡くなった主人の，いま汚されたばかりの宮殿の中か，その近くにあった。その部屋に入るとともに，彼らの運命は定まった。ひとり残らず殺されてしまった。彼らだけでなく，他に数千人も殺された。このようにして毎日毎日，犠牲者が拘束され，殺されていった。小さな子供さえも助からなかった。死体の山が積み重ねられていった。殆ど3ケ月の間，このような恐ろしい仕事が続けられた。そして極めて奇妙な形で止められた。

　これよりさき楊秀清の極悪な陰謀が暴露されると，洪秀全は直ちに，安徽にいた韋昌輝と石達開とを天京に呼び寄せた。しかしどうしたわけか石達開は洪秀全の信書を受け取らなかった。もし受け取っていたとしても，彼は洪秀全の命令に従うことはできなかったか，従わなかったに違いない。その上，彼の親戚のものや友だち［実際，楊秀清自身が彼の友だちであった］まで殺されてしまった。このことに怒って，石達開は清軍の方に寝返ったとさえ思われていた。しかし彼が実際にとった道はそうではなかった。天京で起こったことの一部始終を知ると，石達開は急いで信頼できる部下を集めた。そして十分に強力で信頼できる部下を得ると，洪秀全のところにやって韋昌輝の首を要求した。同時に「この要求がいれられなければ，天京を攻撃し破壊するだろう」と脅迫した。

（未刊行稿2）西洋人の見た天京事変

このように話は進んでいく。何れにしろ，そして奇妙なことに，韋昌輝の首は斬りとられたが，誰の手で，どのようにして斬りとられたかは，話者も知らなかった。首は箱にいれられ長江を遡って，石達開の陣営に送られて来，ここで他のたくさんの首とともに吊り下げられ，公衆の面前にさらされた。

これは11月初めのことであった。韋昌輝とともに他の数人の著名なものが処刑された。太平天国内のランク付けで第7位（秦日綱）と第8位（陳承瑢）のものがその中に含まれていることが特に注目される。

韋昌輝と第7・8位の2人，その他若干人の誅殺は，石達開に再び天京に帰ってくる道を開いた。石達開は1ケ月かもう少し前に帰ってきたが，勿論ひとりではなく，軍隊を引き連れてである。彼が帰ってくると直ぐに，太平天国の中に新しい秩序がつくられ始めた。古い秩序が大々的に変更され始めたといってもいい。我々に話をしてくれた人たちの世話になっていた太平天国の首脳たちが，前述の処刑された連中の中に入っていたので，また太平天国から離脱する絶好の機会が訪れたので，彼らはこれを活用するのに失敗はしなかった。したがって彼らが天国を去ったのであるから，この話もここで終わりにしなければならない。

今や読者諸君は，私が知っている限りの天京事変に関する知識を持つに至った。これに関連する副次的な解説も，この混乱した中国における事変の進展を見つめる人たちにとっては，興味が余りないというわけでもあるまい。

楊秀清やその仲間が殺されてから後，彼らの財産はすべて没収され，彼の宮殿はすべて廃墟と化した。楊秀清もしくはその資産に関する記憶はすべて抹殺されなければならないとか，彼の親戚・友人・徒党は絶滅され，彼らの家屋や道具は破壊されなければならないと思われていたようである。

中華帝国が誇る建築である，あの有名な報恩寺の大磁塔もこれと同じように，地上に倒されてしまったように思われる。塔の破壊は，韋昌輝の打倒と関係があったに違いない。［塔の中に数門の大砲があったので破壊された。］

春から初夏にかけて，鎮江では食糧が極度に欠乏した。女性を主とする500人の住民は，「町には食べるものが何も無いから」といって，一時，城外に追

い出された。救援軍が天京から来た時は，鎮江守備の兵隊はうんと減っていたけれども，配給量を少なく見積もっても，3日以上は持ちこたえられない状態であった。そんなに守備軍は弱体化していたにも拘らず，彼らを包囲する数千の清軍を追い払うのに，さして困難はなかった。

　天京・鎮江間の連絡を再開して救援物資を持ってきた小部隊は，鎮江を守っていた部隊から増強されて，鎮江から出撃し，広い平原で戦い，幾つかの堅固な陣地から清軍を追い出した。これらのことは大量の虐殺なしには為されなかった。恐るべき清側英雄の帮辦江南軍務吉爾杭阿が死んだのは，これらの激戦の際であった。

　この頃，天京にはいつも食糧は十分にあったようである。楊秀清・韋昌輝の殺される以前には，商売は活発に行なわれていた。そこにはまた大量の武器・弾薬や，幾らかのピストルやマスカット銃もあった。最良の弾薬は鎮江で造られた。硫黄は煉瓦を砕いて造られた。

　太平天国の領域，軍事力，政策，生き残った諸王関係等について，また太平天国の中枢と古い満洲一家，即ち大清との天下の主権争いについては，読者それぞれが自分で考え，自分で想像に耽るがいい。

　この長い手紙の記述を終える前に，太平天国の広さや力に関するこれまでの報告は，ほぼ間違っていなかったということ，太平天国は江蘇では13府中の9府を，安徽ではほぼ全省を，また長江流域の広大な平野と両岸の多くの砦を領有しているということを，ここで一言付け加えたい。昨年，南方からやってきた広東の船隊は，今もなお天京から2マイル離れた対岸の近くに停泊している。しかし陸上となると，長江の南岸で天京から50マイル以内の地には，清軍の兵隊を見ることができない。彼らは戦うことを好まない。ところが太平天国の兵隊となると，まともに戦う。殊に若者において然りで，彼らは勝たねばならないのだ。しかしこんな奇妙な行為も，時がたてば本当だということが分かるだろう。

　概していえば，3，4ケ月という短期間に約3万人が殺された天京においてさえ，その後，太平天国の人口が減るとか，その力が弱くなるということが

有ったとしても，それは少しだけのことで，大した分量では無かったろう。何となれば強大な部隊と勇敢な兵隊とが，独裁者のような石達開とともにやって来たし，鎮江側の長江岸にある丹徒では，ほんの2, 3日前に，太平軍は必勝の意気込みで清軍に抵抗していたからである。

　この手紙の読者たちは，天王洪秀全の性格や地位が依然として曖昧模糊としていること，洪秀全と石達開との関係は，洪秀全を賞賛する者が望むようでは決してない，或いはなかったことを知るに違いない。我々に話してくれた者たちが天京を離れる時，少なくともその中の誰かは，3日以内に洪秀全の生命をねらう陰謀が試みられると思っていた。彼らはまた，長江を下って天京からまだ余り離れないところで，天京の方向に大きな砲撃音を聞いたともいっている。

　私自身は特別の意見を持っていないし，与えるべき感想もない。この原稿を印刷に付すべき時期も迫ったので，この辺で筆をおく。

（B附）金陵近事

[出典]『六合叢談』第1号（咸豊7年正月朔日＝1857-1-26）

　天京から脱出してきた人の談話というが，その人がCannyらであることは，ほぼ間違いあるまい。（B）の「Bridgmanの雑信」と比べてみると，「金陵近事」はかなり簡単で，たまに違っている点もあるが，非常に似ていて，「Bridgmanの雑信」の中文抄訳といってよかろう。中国の読書人によく読まれたらしく，この系統の史料が多い。なお『六合叢談』は，上海の墨海書館から発行された月刊の中文雑誌。イギリス人のAlexander Wylieが主編。

　或る人が天京から脱出して，次のように語った。最近，天王洪秀全と東王楊秀清の間に争いがあり，楊秀清が洪秀全およびその徒党を殺そうとしたが，未だその果たされないうちに，信任する左右のものが，この謀略を洪秀全に密告した。このころ北王韋昌輝は安徽にいたが，洪秀全に召されて，深夜，天京に

至った。城門が開いていて，誰に詰問されることもなく入城すると，まず軍官を朝廷に集め，兵を以て楊秀清の宮殿を囲み，楊秀清を梟首（さらし首）の刑に処した。その徒党はみな殺され，妻妾も枕を並べて斬られ，それを免れるものは一人もいなかった。内外の城門は悉く閉ざされ，街は寂として人無き状態であった。この役で死者は2,3万人に及んだが，それでも楊秀清の徒党が全て尽きたわけではない。生き残ったものを誘うために，奇策が弄された。まず城中に哀歓の声が交錯して流れた。洪秀全の妻が群衆に向かって「韋昌輝は余りにも多くのものを殺し，罰は無辜のものにまで及んだ。その罪は笞400の刑に当たる。楊秀清の部下であったものも処刑の場を見に来てよい」と衆にむかっていい，韋昌輝も偽ってその罪を認めた。翌日，多くの人が見に集まってきた。洪秀全の妻がその詔を宣告して，韋昌輝は定められた数だけ笞うたれ，その武将も同様に罰された。そして韋昌輝の兵士が見物にきたものを囲い込み，東王の徒党5000〜6000人を悉く捕らえた。彼らは罰されても死刑にはなるまいと思い，武器を棄てて縛についたが，みな穴埋めにされてしまった。この日から人を執らえては殺し，乳幼児さえもそれを免れず，このような状態が100日を経っても止まなかった。

　洪秀全は韋昌輝に書を送ったとき，翼王石達開にも出していた。石達開はそれを受け取っても天京には帰らず，楊秀清が誅され，その一族も殺されたと知って，洪秀全に上書して「韋昌輝の首を得たい，さもなければ天京を攻める」と述べた。洪秀全は遂に韋昌輝を斬って，その首を石達開に送ると，石達開はこの事を軍中に告げた。咸豊6年10月のことである。11月になると，石達開は兵を率いて天京に入った。党衆は林のようで，楊秀清を殺したものを討とうというのである。以上の話をしてくれた或る人は，恐れて天京から逃げ出した。

　彼はまた報恩寺の塔が既に焼かれたといっている。塔の中に火薬をつめ，火をつけてこれを焼き，火薬が爆発して塔は倒れてしまったとのこと，惜しいことをしたものである。

（C）J. Macgowanの雑信

［出典］*North-China Herald*, April 25 & May 9, 1857.
［中訳］簡又文訳「太平天国東王北王内訌詳記」（『逸経』33, 1937）
［中訳］章克生訳「東王北王内訌事件始末」（『太平天国史訳叢』2, 1982）

　J. Macgowanが1857年1月27日，寧波から*North-China Herald*の編集局宛てに送ったもの。Cannyの談話を基にするが，Bridgmanの（B）に詳しく記されている天京事変に関しては，簡単にし，（B）に全く省かれている鎮江・蕪湖方面の戦闘について詳しい。独自のもつ情報が加わっていることは（B）に同じ。著者はD. J. MacGowan（1814-1893）と思われるが，彼はアメリカのプロテスタント宣教師で，1843年に寧波に来てから，この地方で医療伝道に従事，一時帰国するが，晩年再び中国に来て，上海海関に勤める。中国通で，中国に関する著作が多い。

　我々は前便で，清側についていた患者から聞いた種々の話を伝えたが，いま中国で起こっている動乱の性格を明らかにするためには，このような情報を利用するのが適当であろう。我々が以下に述べる情報を提供してくれた人の話したことは，既にBridgman博士によって多く公にされているので，話の幾分かは省略することとする。

　話し手である勇敢な冒険家は，スコットランド出身の船乗りである。彼はその仲間に，「官員たちと意志が疎通するようにならなければ，駄目だ」と，何時もいっていたので，"Understanding"とあだ名されていた。しかしそれよりも "Canny"（如才ない，抜け目の無い奴）という方がふさわしいと思うので，我々はそう呼ぶことにする。

　Cannyは長江を封鎖している清側の外国船の砲手をしていたが，満足するような官員の理解が得られなかったので，忠誠をつくすのを，天京の新興勢力，太平天国に変える決心をした。3日間外国船で働いたのち，彼は連れのものと

ともに逃亡する計画をたてた。その連れというのはアメリカの市民だといっており，我々が前にアメリカ合衆国のために領事か裁判官のような事をしていた時，彼は善良な中国人に対して強盗・殺傷をしたため獄に繋がれていた。彼ら2人の目的を達成するには，夜になって大きな危険がともなった。清軍に包囲されている鎮江の城壁に近づくと，弾丸を撃たれ，石を投げられたのである。このように戦闘の結果ではなく，戦争らしからぬ方法で，彼ら2人は，先に捕らえられた他の2人の外国人と一緒に監禁された。彼らはみなスパイと思われたのである。Cannyは間もなく当局と意志疎通するようになり，一行は鎮江の守将呉如孝の支配下に入ることとなった。呉如孝は彼らに，旅費をやるから上海に帰り，このパンフレットを配るよういって，まずその忠誠心を試した。これは1856年5月のことである。

何百万もの男女・子供らが，揚州および近くの港から，瓜州および鎮江に米を運んでいた。Cannyらが来る少し前には，瓜州・鎮江はまさに飢餓状態にあり，頂天燕秦日綱の天京からの時宜に適した救援が無かったなら，幇辦江南軍務吉爾杭阿の指揮する清軍の鎮江包囲は容易に勝利を得られたろう。秦日綱は天京から進軍し，困っていた鎮江守備軍を救い，呉如孝の軍と一緒になって，長江北岸の広い地域を征服し，かくすることによって将来のために，鎮江に大量の穀物を獲得し保存することができた。何もしない退屈な時を過ごしたのち，4人の外国人は，秦日綱・呉如孝が天京への通路を再開しようとしていると聞いて喜んだ。清側水陸の軍隊が，天京・鎮江の中間地帯を再び保持していたのである。彼らは早く鎮江を去りたいと熱望していた。というのは，先に数人のマニラ人がそれを望んだが拒絶され，囚人のように取り扱われ，反抗したために厳しく鞭うたれ，逃亡を企てたために烙印を押されたからである。一方Cannyらの野心は，太平軍についていたイタリア人のAntonioが尊敬されていたという話に燃えた。彼らはこの遠征に従うにあたって，太平軍の服装をしたが，このことは太平軍の人たちを満足させただけでなく，彼ら自身を戦闘の際に目立たなくさせた。

太平軍の2人の首脳はそれぞれ1万5000の兵を率いて，3日間の激しい戦い

の後，鎮江・天京間の中間にある清軍の砲台を取り，砲門を清の船隊の方に向けて，その停泊地を変えることを余儀なくさせた。この成功に勢いを得て，首脳たちは天京に向かうのを止めて，清軍に反撃することとし，鎮江の南方を長く包囲していた吉爾杭阿の軍の側面を突いた。4日間の戦闘の後，少なくとも計600門の大砲を持つ清の多くの砦を取った。たくさんのロケットや外国製の戦具を，敗走する清兵が残していったが，太平天国の無知なものどもは，それを全部焼いてしまった。焼いた連中の多くは，規則違反の理由で殺された。太平軍は戦場に3門の3ポンド砲を持っているだけであったが，外国人が指導していたので，非常に効果的であった。衝突は小さな谷で最も激しかった。ここは約700の清兵が守る3つの砲台が支配していたところで，それを太平軍が包囲していた。清軍は飢えのため瀕死の状態にあり，必死に戦った。1856年5月31日（清側文献では陰暦4月29日，即ち陽暦6月1日）吉爾杭阿が死んだのは，この大戦闘においてであった。太平側の損害は少なく，死傷したものは，主として清の騎兵により連絡を絶たれた落後者たちであった。外国人の中の1人，アメリカ人はこの戦闘の際に致命傷を負った。Cannyと3人の外国人は鎮江にしばらくとどまった後，秦日綱により天京に連れていかれた，それは内密のうちに。というのは鎮江の守将呉如孝は彼らを自分の部下と主張していたからである。天京の近くには清側の強力な砦が幾つかあり，秦日綱の側には弾薬がほとんど無くなっていたので，南に遠回りして天京に往かなければならなかった。天京に近づくにしたがい，城は清の欽差大臣向栄の軍により厳密に包囲されていて，太平軍は全滅寸前の状態にあることがわかった。しかし秦日綱は戦術の面で向栄に勝っていたので，大した損失もなく城門を入ることができた。Cannyらは行軍中，誰も自分たちの世話をしてくれなかったこと，天京に入る際，門のそばに何時間も待たされ，失礼な通行人の群れにジロジロと眺められるのを我慢しなければならなかったことに不平をいった。最後に彼らは秦日綱の宮殿に連れていかれた。秦日綱は彼らに「ウロウロするな」と叱り，軍馬にまたがり速歩で立ち去って，疲れ果てている外国人の水兵たちにも着いてくるよう命じた。彼らはこれに従わざるを得なかった。本当は「この有名な城市の

街を1ロッド（約5m）歩くことは，普通の街を1マイル（約1600m）歩くよりも興味がある」と思っていたのだが，旅行は広大な建物の入り口で終わってしまった。ケバケバした壁画，兵士で一杯の庭，女性で満ちている部屋，これらのものは，ここが王者の居所であることをよく示している。武器を隠し持っていないことが検査の結果わかると，彼らは九千歳の称号をもつ東王楊秀清の前に案内された。この人，彼らがその前に跪くことを許されたその人こそ英雄的な征服者であった。その戦略によって戦場は広西の丘から大平原に移された。楊秀清が「天父下凡付体」と称して神，天父皇上帝を冒瀆する詐欺的行為をしたことは，上帝を信奉する人たちの悪評をかった。楊秀清はCannyらに立つよう合図し，それからは広東式英語を話す通訳を通して彼らと親しく話しはじめた。優しい顔つき，上品な振る舞いの故に，彼らは直ぐに楊秀清に好意をもつようになった。楊秀清は外国人について二三の質問をし，外国人水兵の能力と勇気を讃えた。特に彼らを喜ばせたのは豪華な食事を用意させたことである。

　この時から彼らは楊秀清の宮殿に近い彼の義兄弟の家に住んで，楽しく日々を過ごした。次の日の夜明けに再び呼ばれ，楊秀清の前に平れ伏すと，ピストルを修理して宮殿の庭で試射してみるよう命ぜられた。その代わりに彼は得意の弓術の腕を披露した。ついでその高慢・虚栄の性格を丸出しにして，私室を彼らに見せ，まわりにある豪華なものを喜んで眺めながら，これらの新しいペンダントをどう思うかと訊ねた。Cannyは楊秀清がどのような返事を期待しているのかよくわかっていたので，如何なる賛辞を呈することも惜しまなかった。一方，同僚の一人はこの光景を余りにも特異だと思った。何れにしろ通訳は多分その職業上の特権を利用して，野蛮人（外国人）の趣味や判断に楊秀清が満足できるような返事をしたのだろう。要するに最近，農場から飛び出してきたばかりの国王と，いま船室から飛び出してきたばかりの廷臣とが，互いに賞賛しあったのである。それは素晴らしい展示であったに違いない。というのは我々が今までに得たいろいろな情報によれば，楊秀清の宮殿内には選り抜かれた中国の製品だけでなく，外国の製品も数多くあることが明らかだからである。これらの全ては相次ぐ戦闘の際に，太平軍が奪った都市で得たものである。

楊秀清はまた客にご馳走をしながら自分も楽しんでいた。客は箸を使うのに慣れていないので，彼にもてなされながら，彼に余興を呈していたに違いない。酒は上等なもの，料理は贅沢なものといわれている。

外国人が第8位と呼ぶよう教えられた首脳（佐天侯陳承瑢），楊秀清の部下で後に主人を裏切ったと思われるこの第8位の首脳が，楊秀清の可愛い息子2人を内室から連れてきた。きれいに着飾った女性が，金の刺繍をした衝立ての後から覗き見ているのが時々ちらっと見えた。このような宮中の奥深くにかくまわれている女性のほか，宮殿の他のいろいろな部屋や庭に数百人の女性が見えた。彼女らは衣類（袍掛）を作ったり，楊秀清の身の回りの世話をしたり，メッセージを伝えたりしていた。毎朝，約1000人の女性が宮殿にきて，報告をしたり命令を受けるなどした。皆きれいに着飾っていた。

Cannyらは3度目の，そして事実上は最後となる楊秀清との面会を許された。その際にCannyは楊秀清と折り合いのつくよう努めたが，この長い間の希望に対して彼が得た唯一のものは，「希望にそうことはできない，済まない」という丁重な返事であった。そのころ「Antonioが戦闘中に死んだ」という情報が届いたので，Antonioの得ていた地位と報酬とに対する彼らの妬みは，感情的に少なくなり，彼らはうまい食事と怠け放題に，より甘んずるようになった。

東王楊秀清の豪華な行列は，人々をいつまでも楽しませてくれる源泉であった。彼が外出する時は，天王洪秀全を訪れる場合でも単なる誇示の場合でも，伝令・騎兵・歩兵・旗手と各種楽器の演奏者が，56人に担がれた華麗な楊秀清の駕篭の前を行った。その後に大臣・軍官と各種の旗や絹糸で作った鳥獣・魚龍・蛇亀などの像を持った戦士たちの長い行列が続いた。多くの人が，元首の代理人と堂々とした行列とを見に群がった。そしてあの神を敬わない奴が通ると，見物人は皆うやうやしく平れ伏した。

Cannyらは洪秀全の宮殿の門のあたりを時々うろついて，神秘的な住人を一目見ようと努めたが，それは無駄であった。権威筋のいうところでは，彼らが天京にいる間に一度だけ洪秀全が楊秀清を訪れたとのことであるが，彼らは最後までそれを疑っていた。何らかの隠された目的のために楊秀清に引き留めら

れている間に、彼らは向栄の率いる包囲軍が敗走するのを城壁から見た。それは『京報』に載っている清の皇帝の諭旨によれば、6月19日（清朝文献では陰暦5月18日、即ち陽暦6月20日）のことである。彼らの戦闘に関する話は、前線の将軍の戦況報告を要約した皇帝の諭旨と一致している。「逆賊は大集結して我が軍を包囲し、かくして江南大営は敵の手に陥ちた。我が騎兵の戦列は攻撃され焼かれた」。皇帝は「深い悲しみと怒りにかられ」、向栄が欽差大臣の職にとどまることは許したが、罰として彼の花翎を奪った。天京にもたらされた戦利品の中には、アメリカのスプリングフィールドで造られたと思われる2門の素晴らしい曲射砲があり、それらは洪秀全の宮殿の前に置かれた。戦勝が報告されると、慣例に従って楊秀清が出てきて、清軍の包囲から解放されたという新たな事態を認め、平れ伏す大衆の前で神に感謝した。

　7月の中頃、Cannyらの前の主人であった秦日綱を楊秀清はひどく叱った。というのは丹陽における数回の敗戦の最後のとき伏兵に遭い、部下600人を失ったからである。これが清の老練な将軍、向栄が報告することのできた最後の勝利であった。間もなく彼は老齢と疲労のために死んだ。彼の報告によると、太平軍の1000人が殺され、200人以上が首や頭を斬られ、それに先んずる数日間にも多くのものが死んだという。『京報』は清軍が丹陽に退く前に、太平軍がたくさん殺されたと報じているが、それと同じようにCannyも虐殺されるのを見たという。但し彼が見た虐殺されたものは、殆どすべて清軍の兵であった。

　Major Dalgettyの賢明な追随者であるCannyは、太平軍と意志疎通することはとても無理だと思い、栄達の見込みのないことを知って、ある新しい冒険を企てた。丁度そんな時、一つの事件が起こって、彼とその仲間の気を暫らくのあいだ紛らせた。大ぺてん師、1849年（正しくは1848年）以来、神を冒瀆して、全能の神、上帝が地上に降って自分の体に付くと公言し、その結果、太平天国の事実上の長となった大ぺてん師の楊秀清は、彼を倒そうとする逆計の犠牲となるべき時がきた。彼は名目的な主人、洪秀全の上にあって権勢を振るっていたが、その洪秀全の生命と地位とを奪う陰謀をたくらんだ。ところが高位にある共謀者の一人に裏切られた。彼は楊秀清の陰謀を洪秀全に告げ、楊秀清を処

刑するために援助を惜しまない旨を申し出た。これを聞いた洪秀全は昏睡状態から醒め，安徽にいる北王韋昌輝，丹陽にいる頂天燕秦日綱，そのほか多分もう一人の頭目の援助を求め，召喚した。韋昌輝・秦日綱の両人は召喚に応じた。8月下旬のある夜遅く，楊秀清の義兄弟の家の同居人たちは銃砲の響きと兵士の騒ぎで目を覚ました。主人と慌てて飛び出したものは直ぐ殺された。Cannyはそのために警戒し，仲間のものにも行動を慎み，夜が明けてから事態を直視するよう諫めた。

　夜明けとともに，彼らは兵士の一杯いる通りを楊秀清の宮殿に向けて急いだ。あの混乱状態の中に到着するや，彼らは死体の山の中にたくさんの知っている顔を見つけた。その中には楊秀清とおぼしきものの死体もあった。庭にはたくさんの人がいたが，彼らは巧みに戦利品を獲得して楊秀清の部屋から出てくる掠奪者から，更にその戦利品を奪おうと待っている連中であった。男女の死んだ人，瀕死の人の上で，内では先を争い，外では奪い合いが行なわれた。Cannyらは余りにも驚いたので，自分では何もできなかった。ただ厩の中からそれぞれ1頭の飾りたてた馬を選び出しただけである。彼らが見た最も値打ちのある物は重い銀製の，持ち運びのできる洗礼の水盆であった。九千歳の称号を持つ支配者の没落に対して，本当の，あるいは嘘の歓喜の大声があげられた。そして武装した楊秀清の一味が主人の死に報復しないように，即ち一味が洪秀全に敵意をもっていることがわかっていたから，彼らを逮捕し殺害するために狡猾な計画がたてられた。Cannyの語ったことの詳細は既に公表されている。韋昌輝および秦日綱が楊秀清の陰謀を破壊するのに必要以上の，間違った方法をとったことを責めて，洪秀全は両人を裁判にかけ処罰するが，それは偽りの芝居にすぎなかった。楊秀清の一味に処刑の場を見物させると称して集め，彼らを一網打尽にしてしまったのである。

　天王洪秀全の命令によって韋昌輝・秦日綱は杖刑を受けることを余儀なくされた。刑が執行されている間，両人の徒党は悲鳴をあげ，それぞれの主人のもとに近付き，手や足を出して代わりに杖を受けた。Cannyも主人の秦日綱を見て悲しげに涙を流し，その手を彼の打たれている箇所に出した。その時，刑の

執行人が思ったより強く打ったので,ひどい打ち傷を受け,杖も折れた。洪秀全は神の啓示により篡奪の陰謀を知ったと公表されているし,生き残った楊秀清の徒党は罪を免れると保証されていたので,彼らは言われるままに武器を棄てて二つの大きな部屋に入った。しかしそこに入るや否や襲撃され,殺害されてしまった。その際,一方の部屋では何の抵抗もなかったが,他方では必死の戦闘があった。このようにして東王の徒党は武装解除され,長い大虐殺が続き,残忍至極の光景が展開された。洪秀全から保護あるいは免罪の保証をもらいながら,男女・子供らが大量に殺された。年のいかない少年が単なる遊戯ぐらいに思って,死刑執行人になることがしばしばあった。無罪の証明のできなかった人たちは多くの場合,神にそれを訴えた。さもなければ,彼らは早く死にたいと思って,Cannyら外国人に死刑執行人になるよう懇願した。「俺がやったんじゃない」といわなければ,死刑執行人は誰でも身の安全を保ち得ないのだから,彼らが演じた役割については,ここでは述べない。

　9月の初め石達開が天京にあらわれ,韋昌輝と秦日綱とを責めたが,それは天王位を篡奪しようとする者を殺したからではなく,不必要に余りにも多くの兄弟を殺したからだといわれている。石達開は自分が次の犠牲者になりそうだとわかって,急いで見付けられる限りの部下を集めて,天京に着いてから僅か数時間後に,夜陰に乗じて門衛と戦い,天京から脱出して,無事に安徽の自軍のところに至った。

　新たな虐殺が続いた。生き残った楊秀清の部下や石達開の家族は探し出され,誰しも死を免れることはできなかった。約2週間後,今や独裁者となった韋昌輝は,秦日綱に強力な軍を与えて船隊を組み,石達開を追跡させた。我が冒険家たちも参謀としてこの遠征に加わった。彼らは長江北岸の,天京・蕪湖中間の小さな町,西梁山に至り,ここを守っていた石達開の軍から奪い取った。この地から行軍を再開するに先立って,天京外の兄弟たちはみな石達開への同情者で,彼は圧倒的に強力な軍隊の長であるとの情報が入った。この情報は秦日綱をして,石達開の歓心を得ようとしてであろうか,その矛先を共同の敵,清軍に向け変えさせた。そこで秦日綱は1万5000の軍を以て隣の町に向かった

（未刊行稿2）西洋人の見た天京事変　175

が，清軍に撃退された。この際における秦日綱の勇気は高く評価されている。彼は非常に臆病な兵士は殺したり，殺すよう命じたりして，兵士の逃亡を防ぐのに努めた。清の騎兵によって西梁山に追い返されると，秦日綱は新たに兵を整え，Cannyら外国水兵の勧めにしたがって軍を4部隊に分け，自らがその一を率い，他は3人の水兵に統べさせた。再び清軍と衝突してみて，圧倒的な兵力の清軍と思っていたものが，実は兵士に見せかけた非武装の田舎者から主として成っていることがわかった。見せかけの兵士900人が捕らえられ殺されている間に，正規の清軍はすべて巧みに退却していった。このころ秦日綱は新たに広東からやってきた大部隊と折衝をしていた。この部隊が何れに付こうか迷っているように見えたからである。しかし彼らは秦日綱が買収のために与え得るよりもっと多くの金を持っていたので，やがて去っていった。

　Cannyらは主人公の秦日綱が俄かにふさぎこんだのを見て，その原因を訊ねたところ，韋昌輝が殺されたことを聞き，彼自身も天京に召喚されそうなことが分かったからである。そこでCannyらは船に乗って，石達開の軍が守備している長江対岸の地にいった。彼らはこの新興の勢力に早く認められようと，そこから徒歩で西に進んだ。出発して間もなく，天京から一軍がやってきて，秦日綱は連れ帰られ，彼もまた殺された。韋昌輝と秦日綱の処刑は石達開の要求に従ったものであるが，後でわかったところによると，要求は直ぐに洪秀全に容れられたわけではなかったから，韋昌輝は防衛のことを考え，報恩寺の大磁塔（磚搭）が城内砲撃の拠点になるのを恐れ，その破壊を命じた。しかし太平天国の殆ど全軍が石達開についている現状から，洪秀全は石達開に服従せざるを得ないと考え，若い石達開の懇請に応じた。韋昌輝には友人が殆どいなかったから，彼とともに死んだものは200人を越えず，紛争も2日で終わった。

　我が冒険家たちは蕪湖に着いた。ここは石達開の親戚の支配下にある。さらに長い旅行の後，彼らは軍の先頭を行く石達開に会った。驚いたことにその軍の兵員数は，彼らが今まで見たものの何倍もあった。蕪湖に近い村で休み敗残兵を待ったが，そのとき塩水の箱に入った韋昌輝の首が送られてきた。首は路上のポールからぶら下げられ，そのそばを全軍が通っていった。蕪湖でCanny

らは石達開に会うことができた。石達開は彼らを親切にもてなし，衣類と彼ら専用の船とを与えたが，了承を得ようとして出した申し入れには答えてもらえなかった。石達開は蕪湖を出発して長江を天京にまで下った。天京は余りにも静かなので，Cannyらには満足できなかった。Cannyともう一人の友は逃げ出す計画をたて，非常な危険を冒してこれを決行した。Cannyは12月下旬に上海に着いた。彼は約7ケ月，太平天国軍と一緒にいたこととなる。

（以下に太平天国の雑事が記されているが，その記述にCannyの談話によると思われるものは少なく，多くはMacgowan自身が調べたもの，しかも天京事変に直接関係するものは余り無いので，省略する）

おわりに

　最後に，この3篇の文献が，天京事変の研究に，どの程度の史料的価値があるかを考えてみたい。

　天京事変の当時，天京にいてこれを目撃した人の見聞を記録したものは，Cannyらのこの3篇をおいて他に無い。天京事変に関する史料は決して少ないわけではないが，当事者あるいはこれに近い者の書いたものは皆無。この3篇など，最もいい史料といえるのかも知れない。したがって簡又文・羅爾綱をはじめとして太平天国の研究者は，これらを最も信頼できる史料とし，これに基づいて天京事変を描くのが普通であった。ところが1979年以来，徐徹は3篇を比較，検討して，「Canny（話し手は3篇とも同一人とする）は東王楊秀清の宮殿にも，偽装処刑の行われた天王洪秀全の宮殿前にも行っていない。天京にも行ったことがあるか否かも分らない。彼は天京事変の目撃者ではなく，天京事変に関する消息は，彼が得た伝聞か，彼が勝手に作った話に過ぎない」と結論する（『徐徹晩清史論』遼寧書社，1993）。

　この論説に賛成して，それまで最も信憑性の高い史料とされたこの3篇に含まれるCannyらの談話を，作り話として全く無視する研究者もだんだん出てきた。ただ徐徹の論証には，根本的な疑問がある。それは3篇を何れもCanny

らの談話と見，3篇間に矛盾が多いことを，談話のデタラメの証拠としている点である。これはおかしい。3篇のうちCannyらが一人称で記されているのは（A）だけであって，（B）（C）での一人称は，それぞれBridgman，Macgowanである。即ちCannyらの談話と純粋にいえるものは（A）だけであって，（B），（C）はそれぞれBridgman，MacgowanがCannyらの談話を基にしながら，自分の考えで，不必要なものは捨て，間違っているところは改め，足らないところは補ったもの，自分の見解を描いたものなのである。殊に両人は中国通として著名な西洋人であるから，天京事変に関しても沢山の情報を持っていたに相違なく，Cannyらの話は彼らによって大幅に変更されているのでないかと推測される。勿論（A）に語られなかったことで，（B），（C）に語られたこともあろう。しかし（B）（C）において，どれがCannyらの談話で，どれがBridgmanらが独自に得た情報かを弁別することは殆ど不可能に近い。これは徐徹が挙げた例ではないが，（B）では，偽装の韋昌輝処刑のことは，その前日にCannyらも女官から聞いているように読めるのに，（A）では，Cannyらは何も知らずに天朝宮殿前にいって，偶然に処刑の場に出会したように見える。そうだとすると，これはCannyらの話がデタラメとする良い証拠となるが，（B）の中には，BridgmanがCannyらの話を勝手に変えたものが幾つもあるから，処刑のことが前日に布告されたということも，彼が書き加えたことかも知れない。こんな調子だから，「3篇間に矛盾が多いから，Cannyらの話は作り話だ」という徐徹の論法には，賛成しかねる。

　徐徹のいうもう一つの論拠は，Cannyらの話には，史実に反するものが多い，ということである。これは正論かと思う。ただ史実というものは曲者で，なかなか客観的なものは得にくい。例えば徐徹は「王侯が飲酒するのはおかしい」という。確かに太平天国では禁酒だが，その規定が王侯にまで及んだか否かは疑問で，内密にか特権としてかわからないが，現実には酒が飲まれていたように，私は思っている。太平天国の場合，客観的史実を得るということは殆ど不可能に近く，この点からも徐徹の論証に賛成することはできない。

　そんなことをいいながら，徐徹の結論には私も賛成で，Cannyらは太平軍と

ともに鎮江，天京，蕪湖と，旅をしたかも知れないが，東王楊秀清の宮殿を訪問したとか，宮殿直前の東王義兄弟の家に泊まっていたとか，死体の散乱，宮殿内の掠奪，偽装の韋昌輝ら処刑を目撃したとかいう親見情報（親しく見た，自分で体験したこと）は，Canny（抜け目のない奴）という名にふさわしく，談話を高く売らんがために，彼らの作った話ではないか，と思っている。私がこんな風に思うのには，何の確証もあるわけではない。（A）を主とし（B）（C）を参照しながら，これを通読して得た直感にすぎず，客観性は全くない。したがって「作り話だ」などというつもりはなく，「作り話か，否か，よくわからない」というのが，正直のところである。

　このように曖昧模糊とした（A）Cannyらの話でも，天京事変研究の史料として使うのなら，さして問題にはなるまい。というのは私が作り話かと疑うものは，先に述べたように東王宮殿内の掠奪とか偽装の韋昌輝処刑などの親見情報であるが，これらは珍しいことではあっても，天京事変の全貌を明らかにする上には，さして重要なことではないからである。これらの親見情報は使わなければいい，或いはもともと真偽不明な伝聞情報として取り扱えばいい。より重要なのは，洪秀全・楊秀清・韋昌輝・石達開ら首脳たちの動向であろう。それらの情報は（A）のみならず，（B）（C）の中にも，それぞれに独自のものが多く見られるが，何れも親見よりはるかに信憑性の低い伝聞情報にすぎない。しかし伝聞であるが故に，その史料的価値は，Cannyらの親見情報が本物であろうと，なかろうと，殆ど異ならない。否，作り話であれば，作られた珍しいことを信頼させるために，Cannyらはその周辺の事に関しては，比較的信憑性の高い伝聞情報を集め使ったに違いない。だからこそ，Bridgman, Macgowanらのような中国通が，Cannyらの談話を全体的に信用して，作られたが故に彼らにとっても珍しい親見情報を，新聞社に通報したに違いない。そして3篇の中に見える天京事変関係の伝聞は皆，得られた時期は事変中，もしくは事変直後，場所は天京もしくは上海付近であろうから，伝聞史料の中では比較的重要な，殊に天京事変に関する史料は殆んどが伝聞史料であるが故に，貴重な史料といっても過言ではあるまい。「貴重な史料」といっても，「信憑性が高い」と

いっているわけではない。「事変中に流れた噂として貴重だ」といっているにすぎない。その信憑性に関しては，研究者自身が考証しなければならない。

(2000. 5. 27.)

近代中国研究委員会編・刊 各種目録

中国文化史日本語文献目録：教育・キリスト教　1955
　　古代～近代。
東京大学文学部中国哲学文学研究室所蔵近代中国研究資料目録　1955
中国雑誌論説目録：萬国公報・江蘇・浙江潮・湖北学生界・民報　1955
　　清末の変法運動や革命運動に関する雑誌。『江蘇』『浙江潮』『湖北学生界』は中国人留学生が，『民報』は中国同盟会がそれぞれ東京で刊行。
李鴻章奏議目録　1955
　　『李文忠公全書』（1905刊）より作成。
盛宣懐・袁世凱奏議目録　1955
　　盛宣懐『愚斉存稿』，袁世凱は『北洋公牘類纂』（1907）・同続編より作成。
List of the Blue Books concerning the Far East in the libraries of Toyo Bunko and Hitotsubashi University. Seminar on Modern China, 1956
　　衛藤瀋吉編。*Blue Books*：英国議会文書の略称。中英関係に関する一次資料。
経世文編総目録（第1．2分冊，索引）　1956　3冊
　　清朝の時務経世論を集め整理した『皇朝経世文編』と諸種の続編を網羅した目録。
左宗棠・張之洞・薛福成・張謇奏議目録　1956
　　『左文襄公全集』『張文襄公全集』『庸庵全集』（薛福成）『張季子九録』より作成。
東方雑誌目録　1957
　　上海・商務印書館出版の月刊総合雑誌。全44巻のうち，清末部分（1904～11年）の記事目録。

日本主要研究機関図書館所蔵中国文新聞雑誌総合目録　1959
　　東洋文庫蔵のみ続編として，『東洋文庫新収中国文新聞雑誌目録（1958年1月～1961年11月）』あり．
近代中国関係文献目録彙編　1960
　　1945年8月～1960年に発行された中国文と日本文の文献300余種．
中国関係日本文雑誌論説記事目録（1：外事警察報・北京週報・燕塵）　1964
　　『外事警察報』：東洋文庫所蔵の24～232号（欠あり）を収録．『北京週報』・『燕塵』（1908-18年）は北京で刊行の日本語雑誌．
中国関係日本文雑誌論説記事目録（2：支那時報・東亜・情報・調査月報・特調班月報）　1965
　　『東亜』：満鉄東亜経済調査局→東亜会刊．『情報』と『調査月報』：興亜院→大東亜省刊行．『特調班月報』：上海日本総領事館特別調査班刊行．
『解放日報』記事目録（Ⅰ：民国30年・31年　Ⅱ：民国32年・33年　Ⅲ：民国34年・35年・36年　Ⅳ：[外国関係]　Ⅴ：人名索引）　1967-87
　　Ⅳ・Ⅴ：近代中国研究委員会編　東洋文庫刊
　　延安期の中国共産党機関紙．
中国関係図書目録（和文，1957-1970）　近代中国研究委員会編　東洋文庫刊　1971
　　1957～70年に刊行された古代～近代の中国に関する図書．
明治以降日本人の中国旅行記（解題）　近代中国研究委員会編　東洋文庫刊　1980
　　1874～1979年の旅行記422点について，旅行の目的・時期・場所・内容の特色などを記す．

『近代中国研究』（近代中国研究委員会編　東京大学出版会刊　1958-64）所載目録

第2輯　中国文雑誌論説記事目録（1：国史館館刊・中国農民・新青年）
　　国史館は国民政府が1946年設立．『中国農民』：国民党中央執行委員会農民

部刊。『新青年』：第1巻は『青年雑誌』。
第3輯　中国文雑誌論説記事目録（2：清議報・近代史資料・中国農民［補］）
　　『清議報』：変法派が横浜で刊行した旬刊誌。
第5輯　中国文雑誌論説記事目録（3：時務報）
　　日清戦争後の変法運動で重要な役割を果たした旬刊誌。主筆：梁啓超。
第6輯　中国文雑誌論説記事目録（4：商務官報）
　　清政府農工商部商務官報局の旬刊誌。

『近代中国研究センター彙報』所載目録類

No. 3（1963）　江西ソヴェト関係資料目録
　　　　　　　国民党軍が江西ソ区を囲攻した時に集めた共産党関係資料。
No. 4（1964）　太平天国史研究論文目録（中国文新聞雑誌之部）
No. 7（1966）　解放日報社論目録
No. 8（1966）　イエズス会士中国書簡編目　矢沢利彦
　　　　　　　中国の文化大革命に関する日本雑誌論説目録
　　　　　　　　1966年1～8月号の雑誌から採録。
No. 9（1967）　中共党史関係資料目録（1）　徳田教之
　　　　　　　台湾の司法行政部調査局図書館所蔵の資料。
　　　　　　　中国の文化大革命に関する日本雑誌論説目録（2）
　　　　　　　　1966年8月～67年6月号の雑誌から採録。
No. 10（1967）　中共党史関係資料目録（2）　徳田教之
No. 11（1968）　中国の文化大革命に関する日本雑誌論説目録（3）
　　　　　　　　1967年7月～68年3月号の雑誌から採録。
No. 12（1968）　東洋文庫所蔵現代中国人詩文集・全集・伝記・年譜目録
　　　　　　　　1912年以降に死没あるいは現存の中国人が対象。
No. 13（1969）　中文論集内容目録
　　　　　　　　東洋文庫所蔵，多数人の研究論文・評論・随筆などを収め

た図書を取り上げる。

中国の文化大革命に関する日本雑誌論説目録（4）

1969年7月号まで。

No. 14（1970）　中華人民共和国刑事関係日本語文献目録　向山寛夫

中文論集内容目録（2）

No. 15（1971）　『闘争』（江西）記事目録

中国共産党蘇区中央局の機関紙。

中文論集内容目録（3）

No. 16（1973）　五四文学革命文献目録　山根幸夫

日本人・中国人の著作・論文。

東洋キリスト教史研究文献目録　吉田寅

日本語・中国語で書かれた関係図書・論文。

市古宙三先生追悼

本庄　比佐子

　日本における近代中国史研究の先駆者の一人であった市古宙三先生が2014年6月21日に逝去された。101歳の誕生日を迎えられて2日後のことであった。おこがましい言い方かも知れないが，天寿を全うされたと言ってもよいのではないだろうか。

　先生は1913年，市古由太郎・なつの三男として山梨県甲府市にお生まれになった。長兄は内科の医師で，次兄は国文学者で東京大学名誉教授の市古貞次氏である。お父様の転勤により小学校時代に東京へ移られた。東京府立第六中学校（新宿高校の前身），浦和高等学校（埼玉大学の前身）を経て，東京帝国大学文学部東洋史学科へ進まれ，42年に大学院を修了されている。その後，中央大学予科教授，中央大学教授を経て，51年にお茶の水女子大学へ移られた。お茶の水女子大学では文教育学部史学科の教授として東洋史を担当され，また学部長，図書館長，そして定年前の最後の4年間には学長を務められた。その後ふたたび中央大学へ移られ，84年3月をもって大学教授の職を退かれた。

　ところで，先生はご自身の回顧文の冒頭で，「古いものに関心がなく昔のことなどどうでもいいと思っている私が東大東洋史学科に入った」と書かれている。また，先生が入学の年には東大東洋史は入学試験なしで学生を入れていたので入った，という思い出話を聞いたことがある。卒業論文は入関前の清と明，朝鮮に関するものであった。ただ，その論文は気に入らなかったので，卒業後すぐ焼き捨ててしまわれたという[1]。

　1937年に大学を卒業されたが，不景気のどん底で就職口がみつからなかったので大学院へ進まれた。そして，アルバイトとして市村瓚次郎先生の助手になり，『東洋史統』の編集や原稿の下書きなどを手伝われた。43年には鈴木俊先

生から声をかけられて，文部省の嘱託として『東洋史概説』の編集にたずさわれたが，1年程のち鈴木先生が治安維持法違反の容疑で逮捕され文部省を辞任されたのに伴って，先生も辞められた。これらの仕事のほか中央大学夜間部で非常勤講師もされていた。その関係で戦後すぐ同大学予科の専任教授に就かれ，生活も安定することになった。

　大学院に進まれてから，研究テーマを清末民初に決められたという。そして1948年に最初の成果として，「義和拳雑考」（『東亜論叢』6），「義和拳の性格」（『近代中国研究』）を発表されたのを皮切りに，戊戌変法，太平天国，辛亥革命と近代中国の重要テーマに関する研究を重ねられた。さらに60年代に入ると，中国共産党史の研究にも踏み込まれた。これらの論文からは，先生がどれほど厳密な史料批判による実証的研究を重視されていたかを読み取ることができるが，ただ，私はこの問題を詳しく語る資格に欠けており，より適任の方々にお願いしたいと思う。

　私がここで述べたいのは，先生がご自身の研究と並行させて，近代中国関係史料の収集とその利用者への便宜供与のために如何に大きな仕事をなさったかということである。先生が大学院で近代中国史研究を始められた頃は，まだ日本の東洋史学界においてその研究領域は認められていなかったと言われている。先生も後年，当時の研究環境について次のように述べておられる。「私が大学院にいたころの戦前の日本の学界では，近代中国の研究はおろそかにされていて，外交の面を除いては，ほとんど何もされていないような状態であった。図書館や研究所にも近代中国関係の本，特に漢文の本は少ないし，目録，解題，入門書のようなものも備わっていなかった。だから近代中国の研究を志した私は，一からはじめなければならず，どんな概説書，研究論文，史料があるのか，それらは何処へ行けば見られるのか，というような，いたって簡単なことを知るにも随分と苦心しなければならなかった」。また，その後教鞭をとられた中央大学やお茶の水女子大学にも，1950年前後の頃には，「私の研究に役立つような本は何もなかった」と。こうした経験を通して先生は，「どこかにうんと沢山の近代中国関係の本が集められないものか，その本が誰にでも自由に使え

るようになればいいなと，ひそかに願っていた」と[2]。

　財団法人東洋文庫は敗戦後，その存立を問われるほどの財政困難な状況を乗り切るために国内外に援助を求め，理事の和田清先生・山本達郎先生はその折衝に努められた。その頃の1953年，来日中のハーバード大学のJ. K. フェアバンク教授から近代中国に関して同大と東洋文庫との共同研究の提案があり，先生は研究費より資料購入費の方を希望された。その後の折衝で共同研究はとりやめとなり，東洋文庫はロックフェラー財団から資金援助を受けることになった。同財団の助成目的は旧時代に関する歴史研究というよりは近現代の諸変化の研究にあったので，東洋文庫はこれを了解して，近代中国研究委員会の設置を決定した。翌54年秋，委員会（委員長：和田清先生）は正式に発足し，市古先生は運営委員に就かれた。更に，同じく委員の１人の山本先生から「委員会をやってくれないか」というお声がかかった。こうして市古先生は事実上の主宰者として委員会の運営にあたられることになり，以後おおよそ半世紀近く続けられた。委員会は，第一に広く異なった分野の研究者の参加を得て政治的偏見を離れて実証的研究をすること，第二に日本における研究の実情の欧米諸国への紹介と欧米諸国における近代中国研究の実情を学ぶこと，という基本的計画のもと活動を開始した。55年，委員会の第二の計画に基づいて先生はアメリカ・イギリス・フランスへ出張された。アメリカでは文献索引の整備など便利すぎるほどの研究環境をご覧になり，その便利すぎることの長短を考えておられる。同時に，便利へと向かう時代の流れには勝てないだろうから，それならば「先頭に立って入門書や目録類を作ってやろうと考えた」と，後に述べておられる[3]。

　こうして，近代中国研究の推進には特定少数の研究者への助成だけでなく，より広く一般の研究者に対する研究上の便宜供与が緊要であるとの先生のお考えに基づき，近代中国研究室では以下の業務が進められた。第一に資料収集。基本的な資料集，研究書は言うまでもなく，新聞・雑誌，概説書，啓蒙書，旅行記など雑書の類まで網羅的に収集された。第二に，収集した資料の利用の便を図ること。そのために資料の整理は図書部に委ねず，近代中国研究室で目録

作成と資料管理を行って，これらの図書に限り東洋文庫の制度の例外として館外貸し出しをした。第三，参考図書室の開設。そこには各種の工具書類を排架し，所蔵資料のカード目録も備えて，誰もが自由に利用できた。第四に，各種目録類の作成と出版。近代中国研究室の蔵書目録だけではなく，東洋文庫所蔵の新聞・雑誌の記事目録，特定テーマに関する文献目録などが，市古先生をはじめとする研究員や研究室の職員によって作成された。先生は後に，「自分でやってみて，図書館の仕事が如何に大切か大変かということがよくわかった」[4]と記しておられるが，図書館の職員にとっては大変うれしいお言葉である。

　このように事業が進むなかで，1958年にロックフェラー財団の助成が終了したあと，東洋文庫は62年からフォード財団（〜66年）・アジア財団（〜69年）の資金援助を受け入れることになった。これに対して，中国を敵視するアメリカに「政策立案の基礎的データを提供」する政治的性格があるとして，中国研究者の反対運動がおこった（AF問題）。市古先生は，ご自身が中心になってこのプロジェクト立案も日常的な運営も進めてきたとのご自覚のもと，お一人で反対運動に立ち向かう決心をされて東洋文庫に抗議に来た人々に対応され，また，「全中国研究者シンポジウム」（於明治大学）に出席された。近代中国研究委員会のメンバーであった山本先生は，このシンポジウムの招請人を引き受けられ，第三者のごとくに集会での冒頭発言を市古先生に要請されたとのこと，不愉快であったと後に語られている[5]。とは言え，先生はシンポジウムで援助受け入れの意図を丁寧に説明された。すなわち，日本では規模の大きい大学と小さい大学との間で研究費の格差は余りにも大きく，小さい大学がみじめで，また古代史・中世史に対する研究費と近代史研究へのそれとの格差が大きい状況の下で援助受け入れを決めたこと，事業内容は，資料収集とそれら資料及び研究成果の公開，研究の重点は1911〜49年として現状分析は行わない，など。しかし反対運動では，アメリカの対アジア政策と結びついた両財団の資金そのものが問題とされ，その資金で購入された資料の利用を潔しとしなかった[6]。それは先生にとって非常に口惜しいことだったと思われるが，以後，一層熱心に上

記の近代中国研究室の事業を進められた。そして，90年代初め頃まで，先生は辛亥革命，太平天国，洋務運動に関する目録や「近代中国研究の手引き」などを発表されている。反対運動があったとは言え，蔵書を増やし，目録類など参考文献の充実を図ることによって，東洋文庫は近代中国を研究する人々にとって欠かせない研究図書館になったと言えよう。

このように先生は大きな仕事をなさりつつ，東洋文庫のお昼休みには研究員や職員と卓球を楽しまれたそうで（60年頃までか），先輩の話によると，先生は身軽で動きが素早く上手で，人気者だったと。また，時に職員の昼食にも同席されて会話を楽しんでおられたとのことで，懐かしむ人々も多い。こうして先生は多くの人々に楽しい思い出を残して下さった。

先生，長い間ありがとうございました。心からご冥福をお祈りします。

2016年4月30日

注

1) A：市古宙三「近代中国研究と私」（市古教授退官記念論叢編集委員会編『論集 近代中国研究』，山川出版社，1981），613頁。
   B：2004年6月16日，東洋文庫で蒲地典子さんと一緒に市古先生からうかがった談話。
2) 市古宙三「近代中国研究と私」，623頁。
3) 市古宙三「目録の作成と近代中国研究室」（『近代中国研究彙報』2号，1980），14頁。
4) 同上。
5) 2004年6月16日の談話。
6) 同上。なお，先生は，反対運動に最もまじめであったのは東京教育大学の学生達であったと語られた。

シンポジウム司会・報告者紹介

司　会
　　内山　雅生（うちやま　まさお）東洋文庫 客員研究員
　　　　　　宇都宮大学 名誉教授
　　久　保　亨（くぼ　とおる）東洋文庫 客員研究員
　　　　　　信州大学 教授

報告者
　　本庄比佐子（ほんじょう　ひさこ）東洋文庫 専任研究員
　　浜口　允子（はまぐち　のぶこ）放送大学 名誉教授
　　久保田文次（くぼた　ぶんじ）日本女子大学 名誉教授
　　リンダ・グローブ（Linda Grove）上智大学 名誉教授
　　　　　　ハーバード燕京研究所 顧問
　　石島　紀之（いしじま　のりゆき）フェリス女学院大学 名誉教授
　　土田　哲夫（つちだ　あきお）中央大学 教授
　　鶴見　尚弘（つるみ　なおひろ）東洋文庫 理事
　　　　　　横浜国立大学 名誉教授

近代中国研究と市古宙三

2016（平成28）年6月20日　初版発行

編　者	東洋文庫近代中国研究班
発行者	三　井　久　人
整　版	左　口　昌　克
印　刷	富士リプロ㈱
発行所	汲　古　書　院

〒102-0072　東京都千代田区飯田橋2－5－4
電話 03 (3265) 9764　FAX 03 (3222) 1845

ISBN 978-4-7629-6569-2　C3022
Toyobunko Kindaichugoku Kenkyuhan Ⓒ 2016
KYUKO-SHOIN, CO., LTD. TOKYO.